W0290851

Ronald Wesseler

Kulinarischer Feuerzauber

Flambieren

FALKEN VERLAG

INHALT

Vorwort

Flambieren ist eine Kunst, denn, richtig flambiert, verbreiten die tanzenden Flammen Gemütlichkeit und Wohlbehagen. Aroma und Würze der Brände und Obstgeister regen den Appetit an und unterstreichen den Geschmack der Speisen und Gerichte. Wenn Sie bei der nächsten Einladung Ihren Gästen etwas Besonderes bieten möchten, sollten Sie sich im Flambieren üben – es ist nämlich leichter, als Sie glauben. Als Koch und Konditor habe ich in vielen internationalen Hotels gearbeitet und Ihnen von dort die schönsten Rezepte mitgebracht.
Und nun, Vorhang auf für die »köstliche« Vorstellung, das Spiel mit dem Feuer kann beginnen!

Ihr
Ronald Wesseler

Flambieren leichtgemacht

Bestimmt sind auch Sie schon einmal in einem guten Restaurant oder bei Freunden gesessen und haben sich am Flammenspiel eines flambierten Gerichts erfreut. Gerade wenn ein Gastronom, ob Koch oder Kellner, diese schöne und zugleich köstliche Zubereitung gekonnt zelebriert, ist sie eine Augenweide. Auch für Sie ist es gar nicht so schwer, diese Kunst zu erlernen. Beachten Sie vorab unsere kleinen Tips und Tricks rund ums Flambieren, und dann versuchen Sie es einfach. Mit ein bißchen Geschick und Übung werden auch Sie zum Showmaster Ihrer nächsten Einladung und die servierten kulinarischen Genüsse werden nicht nur den Gaumen Ihrer Gäste erfreuen.

Wann wird flambiert?

Flambieren heißt, Speisen mit Spirituosen aromatisieren, und es wird meist nur in festlichem Rahmen präsentiert und zelebriert. Lassen Sie sich trotzdem nicht davon abhalten, auch für sich selbst einmal Ihr Steak oder Ihr Geschnetzeltes zu flambieren. Denn, wie gesagt, ist es durchaus nicht nur Show. Die Aromastoffe der Spirituose bleiben in den Speisen erhalten und verfeinern sie, und der Alkoholgehalt verflüchtigt sich. Noch ein weiterer Grund kommt hinzu. Zuckerstoffe, die in fast jedem Gericht enthalten sind, werden durch die Flamme karamelisiert und geben zusätzlich Geschmack an die Speisen ab. Ein Effekt, der in Verbindung mit dem Aroma des Alkohols die Herzen höher schlagen läßt.

Was wird flambiert?

Ideal für das Flambieren eignen sich Steaks, Geschnetzeltes, Schnitzel und Medaillons, egal ob vom Rind, Kalb oder Schwein, Fisch, Geflügel oder Wild. Alles Kurzgebratene kann durch die aromatische Flamme verfeinert werden. Aber nicht nur Fleisch, sondern auch Gemüse, Fisch und speziell Süßspeisen sind für das Flambieren geeignet. Wer kennt nicht die Eisbombe, die als brennende Überraschung nach manchem Festessen serviert wird? Bei allem, was Sie flambieren, sollten Sie aber darauf achten, daß möglichst wenig Flüssigkeit im Flambiergefäß ist. Sonst verlöscht dann nämlich die Flamme oft zu schnell, und aus der Show wird ein Flop. Und noch etwas: Flambieren Sie niemals allzu deftige Speisen, denn starke Aromaträger, wie Sauerkraut oder Essiggemüse, überdecken die feinen Alkoholaromen.
Als Gesellschaftsessen ist auch die Gourmetparty bekannt. Viele Köstlichkeiten lassen sich völlig unkompliziert in den kleinen Pfännchen am Tisch zaubern. Auch hier läßt sich das Flambieren als zusätzliche Attraktion einsetzen. So können zum Beispiel kleine gebratene Fleischstücke oder Früchte mit einer passenden Spirituose flambiert werden.

Wie wird flambiert?

Wie bei einem großen Bühnenauftritt, so sollten auch Sie vor Ihrer Show ein bißchen üben, damit Sie nachher keine unliebsamen Überraschungen erleben. Für das Flambieren gilt, wie bei jeder anderen Zubereitungsart auch, die Regel: Je besser Sie alles vorbereiten und bereitstellen, desto einfacher und schneller geht Ihnen das Garen von der Hand. Profis nennen dies »Mise en place«. Folgen Sie ihrem Beispiel. Stellen Sie sich die Zutaten in der Reihenfolge der Verwendung auf. Am besten geben Sie jede Zutat einschließlich der Gewürze in ein eigenes Schälchen. Achten Sie beim Flambieren immer auf die Menge des Alkohols, der in den Rezepten angegeben ist. Denn allzuviel Alkohol macht die Speisen bitter und erschlägt den Geschmack. Durch die Alkoholmenge kann nur die Flamme beeinflußt werden. Dies ist zwar für den Showeffekt, nicht aber für den Geschmack zuträglich. Braten Sie nun Ihr Fleisch, den Fisch oder andere Zutaten Ihrer Wahl bis zum gewünschten Garstadium.
Nun zum Flambiervorgang selbst. Profiköche bevorzugen folgende Methode. Hier heißt es: »Die Übung macht den Meister.« Die Pfanne vom Rechaud nehmen. Den (vorgewärmten) Alkohol in eine Schöpfkelle oder in ein Glas geben, dann über die zu flambierende Speise gießen. Die Pfanne wird nun in leichter Schräghaltung auf das Rechaud zurückgestellt, so daß die Flamme überschlägt und der Alkohol sich dort von selbst entzündet. Wenn Sie viel Saft in der Pfanne haben, halten Sie diese leicht schräg und gießen den Alkohol auf die »trockene« Stelle, also dorthin, wo keine Flüssigkeit ist. Vermeiden Sie Stichflammen, indem Sie nach der Zugabe des Alkohols warten, bis das Zischen aufhört. Erst dann stellen Sie die Pfanne wieder auf das Rechaud zurück. So bleiben die Flammen in der Pfanne und springen nicht an die Decke.
Durch leichtes Rütteln an der Pfanne vergrößern Sie die Alkoholfläche, demnach auch die Flamme und die Flambiergeschwindigkeit. Der Flambiervorgang kann so gesteuert und gegebenenfalls auch verkürzt werden. Für den Fall, daß Ihre Flamme wider Erwarten zu groß wird, halten Sie immer einen passenden Deckel bereit. Er muß das Geschirr gut verschließen, die

Flamme wird dann sofort gelöscht und erstickt.
Wichtig ist auch folgendes: Schütten Sie niemals den Alkohol direkt aus der Flasche ins Gericht, es besteht sonst Explosionsgefahr! Flambieren Sie niemals unter einem Lampenschirm oder in der Nähe von Gardinen. Manch ein unvorsichtiger Flambiermeister hat schon viel Lehrgeld bezahlt. Über der Pfanne sollte mindestens 1,5 Meter Freiraum sein, damit Sie solch unliebsamen Überraschungen aus dem Wege gehen. In den meisten Fällen wird erst jetzt, also nach dem Flambieren, die Sauce zubereitet. Doch Ausnahmen bestätigen die Regel. Wenn Sie ein Saucengericht flambieren wollen, lassen Sie die Sauce stark einkochen, sonst wird der Alkohol zu stark verdünnt und brennt nicht richtig.

Das richtige Handwerkszeug

Damit Sie wie ein Profi flambieren können, müssen die Utensilien optimal aufeinander abgestimmt sein. Sie benötigen dazu ein Rechaud, Brenner, Pfanne mit Deckel und Flambierbesteck. Damit Ihnen die Wahl der Geräte leichter fällt, stellen wir Ihnen die unterschiedlichen Angebote vor.
Das wichtigste ist eine gute **Heizquelle,** denn nur wenn die Hitzezufuhr groß genug ist, kann man richtig flambieren. Für das Kochen am Tisch gibt es spezielle Rechauds, die mit zwei oder mehr stufenlos regulierbaren Sicherheitsbrennern (Firestar-Pastenbrenner) ausgestattet sind. Mehr als zwei Brenner verwenden Sie für große ovale oder rechteckige Flambierpfannen, bei kleinen Pfannen genügen zwei Brenner im Rechaud. Diese Sicherheitsbrenner sind wichtig, um die notwendige Hitze zu regulieren. Alternativ dazu gibt es kleine, ebenfalls stufenlos regulierbare Elektroplatten. Auch sie erzeugen die notwendige hohe Hitze.
Aus Gründen Ihrer Sicherheit und der Ihrer Gäste raten wir von der Verwendung von Spiritusbrennern ab. Denken Sie immer daran, daß Sie mit einer offenen Flamme arbeiten und daß es deshalb leicht zu Unfällen kommen kann. Größere Flambierrechauds oder Öfen benötigen Sie vor allem dann, wenn Sie ein komplettes Gericht am Tisch zubereiten wollen, wie wir es in unseren Rezepten vorstellen. Für einen kleinen Kreis ist das kein Problem. Doch gerade wenn mehrere Gäste am Tisch sitzen, das heißt mehr als vier Personen, dann müssen Sie auf andere Möglichkeiten zurückgreifen. Hierbei empfiehlt es sich, das Gericht in der Küche zuzubereiten. Richten Sie es dann auf einer großen Platte an und stellen Sie das Ganze auf ein Warmhalterechaud. Jetzt können Sie am Tisch ans Flambieren gehen, das heißt, der für die Gäste attraktivste Moment der Zubereitung bleibt als Höhepunkt erhalten.
Zu einem schönen Rechaud gehört natürlich auch die passende **Pfanne.** Runde, ovale oder eckige Kupferpfannen sind eine Augenweide und ideal für das Flambieren. Noch besser im Gebrauch und Aussehen sind jene modernen Flambierpfannen (von der Firma Spring), die in einem Spezialverfahren hergestellt werden. Das Mehrschichtmaterial mit dem Aluminiumkern garantiert eine besondere Leitfähigkeit. So wird die Hitze schnell über Boden und Wände verteilt. Dies ist für das Flambieren äußerst wichtig.
Selbstverständlich können Sie auch andere Pfannen verwenden. Ob Gußeisen oder Edelstahl liegt eigentlich nur an Ihrer Küche und an Ihrem Sortiment. Wichtig ist nur, daß die Pfannen einen dünnen Boden haben, sonst speichert die Pfanne zuviel Hitze, das kann z. B. beim Karamelisieren von Zucker dazu führen, daß dieser schwarz wird. Bedenken Sie immer, daß

das Flambieren auch eine Augenweide sein soll. Und ein schönes Geschirr unterstreicht seine Wirkung.
Neben der Pfanne benötigen Sie, um einen reibungslosen Ablauf beim Flambieren zu gewährleisten, noch einige Gerätschaften, die aber sowieso in der Küche der meisten Hobbyköche vorhanden sind. Wie bei den Lebensmitteln gilt auch hier: Stellen Sie sich alle Geräte in Reichweite bereit und stellen Sie Ihr Flambierrechaud immer so, daß Sie genügend Platz zum Arbeiten haben. Genügend »Aktionsradius« hält auch das Unfallrisiko in Grenzen.

Ein **Holz- oder Kunststoffbrett** benötigen Sie für noch anfallende kleine Schneidearbeiten. Ganz abgesehen davon, können Sie aber auch die heiße Pfanne schnell einmal absetzen. Muß die Pfanne für dieses oder jenes Gericht länger neben dem Rechaud stehen, legen Sie sich kleine Untersetzer bereit. Ein größeres **Küchenmesser** wird des öfteren zum Portionieren oder zum Zerkleinern größerer Stücke benötigt, und ein kleines Officemesser hilft Ihnen besonders in der Süßspeisen-Küche. Für die Zubereitung der Gerichte sind eine **Fleischgabel,** ein **Pfannenwender** oder eine **Palette,** eventuell ein Kochlöffel und einige kleinere und größere Löffel empfehlenswert. Diese sind besonders wichtig zum Kochen und zum anschließenden Anrichten der Speisen. Wenn Sie dann noch die nötigen **Flambierkellen** mit einer sehr tiefen Rundung und einem langen Stiel haben, kann es beginnen. Noch ein bißchen Übung und die oft zitierte Liebe zum Kochen und speziell zum Flambieren, und schon sind Sie ein Meister dieses Fachs.

Die Wahl des Alkohols

Das Wort »Flambieren« stammt von dem französischen Wort »flamber« und bedeutet soviel wie »sengen, flammen, aufleuchten, lodern«. Damit Sie die richtige Flamme für Ihre Spezialitäten bekommen, haben wir Ihnen eine kleine Übersicht der möglichen Flambierspirituosen zusammengestellt. Achten Sie bei der Auswahl des Alkohols besonders darauf, daß er mit den übrigen Zutaten harmoniert und daß er weder dominiert noch sein Geschmack untergeht. Im Zweifelsfall empfehlen wir einen guten Brandy, der zu allem paßt. Grundsätzlich gilt, je höher der Alkoholgehalt, desto besser brennt die Spirituose. Alkohol brennt immer, wenn die Spirituose mindestens 40 Volumenprozent aufweist. Sie sollte allerdings Zimmertemperatur haben, sonst muß sie im Wasserbad erwärmt werden.
Geschmacksintensive Spirituosen wie Liköre werden von Flambierprofis sehr gerne für Desserts verwendet, da sie ihnen eine süßliche Duftnote verleihen. Bei Fleisch, Fisch und Geflügel sollten Sie Bränden den Vorzug geben.
Liköre haben meist weniger als 40 Volumenprozent Alkohol. Hier gilt grundsätzlich, je weniger Alkohol, desto schwieriger das Flambieren. Aus diesem Grund behelfen sich Profiköche mit einem kleinen Trick. Mit Weingeist oder reinem Alkohol gemischt, werden auch Liköre leicht entflammbar. Wer keinen reinen Alkohol im Hause hat, der kann Liköre auch mit einem hochprozentigen Rum oder einem Obstgeist mischen. Der Effekt ist fast der gleiche.

Armagnac, Cognac und Weinbrand
werden am häufigsten zum Flambieren verwendet. Es sind alles Branntweine aus Wein mit etwa 40 Volumenprozent Alkohol, die sehr gut mit vielen Speisen harmonieren. Sie unterscheiden sich hinsichtlich der Herkunft und der Erzeugungsmethoden. Nehmen Sie zum Flambieren keine Spirituosen, die sehr lange (über 5 Jahre) im Faß gelagert wurden. Sie sind nicht nur zu teuer, sondern auch zu schade zum Flambieren. Wenn Sie einen Weinbrand zum Flambieren auswählen, achten Sie darauf, daß Sie nur echten Weinbrand und keinen Branntweinverschnitt verwenden.

Aquavit
ist ein skandinavischer, aus Getreide hergestellter und mit Kümmel aromatisierter Branntwein. Mit einem Alkoholgehalt von etwa 40 Volumenprozent eignet er sich gut zum Flambieren.

Calvados
ist ein bekannter und wohlschmeckender Apfelbranntwein aus der Normandie, der auch als Cognac aus Äpfeln bezeichnet wird. Er eignet sich, mit etwa 40 Volumenprozent Alkohol, sehr gut für viele flambierte Gerichte, ganz besonders für jene, die auch mit Äpfeln zubereitet werden.

Cointreau und Grand Marnier
Cointreau ist ein farbloser, 40-volumenprozentiger französischer Likör mit dem zartherben Orangengeschmack der Curaçao-Orangen. Grand Marnier ist ebenfalls ein Orangenlikör auf der Basis von Cognac. Mit beiden Marken läßt sich sehr gut flambieren, und das nicht nur bei Crêpes Suzette.

Gin
ist wie der Genever ein Kornbranntwein mit Wacholdergeschmack. Seine Heimat liegt in England, und mit 40 bis 47 Volumenprozent eignet er sich ausgezeichnet zum Flambieren. Es gibt mehrere Ginsorten, in der Flambierküche wird jedoch trockener, ungesüßter Gin bevorzugt.

Obstgeiste und -wässer,
zum Beispiel Kirschwasser, Himbeergeist, Slibowitz oder Williams Birne, sind vorzügliche Destillate mit etwa 40 Volumenprozent, die natürlich besonders gut zu den Früchten passen, aus denen sie hergestellt worden sind. Sie geben aber auch Fleisch, Fisch und Geflügel ein besonders feines Aroma.

Pastis
sind Anisbranntweine, deren Alkoholgehalt zwischen 40 und 45 Volumenprozent schwankt. In Frankreich trinkt man sie gerne mit Wasser verdünnt. Daß sie sich sehr gut auch zum Flambieren eignen, ist wenigen bekannt. Allerdings sollten Sie nur kleine Mengen verwenden, sonst ist der Anisgeschmack zu dominant.

Rum
wird aus Zuckerrohrsaft oder aus der Melasse gewonnen. Der meiste Rum kommt heute von den Antillen. Man unterscheidet dabei weißen Rum, goldfarbenen Rum mit einem sanften Braunton und dunklen Rum. Stark hochprozentiger Rum, über 50 Volumenprozent, sollte nur zum Verdünnen von Likören mit niedrigem Alkoholgehalt verwendet werden.

Whiskey und Whisky
sind im Geschmack so unterschiedlich wie ihre Schreibweise. Der echte schottische Malt Whisky hat einen typisch kräftig-rauchigen Geschmack; deshalb sollte man ihn lieber trinken, als zum Flambieren verwenden, denn der starke Eigengeschmack überlagert das zarte Aroma anderer Speisen.
Irischer Whiskey hat einen milderen und malzigeren Geschmack, da das Malz nicht gedarrt wird. Ebenso wie der kanadische Whiskey kann er bei vielen Rezepten verwendet werden.
Amerikanischer Whiskey wird als »Bourbon« oder »Rye« angeboten. Zwei Klassifizierungen sind typisch für den Bourbon Whiskey.
Straight Bourbon oder Unblended Bourbon wird mindestens zu 51 Prozent aus Mais hergestellt, Blended Bourbon aus Bourbon Whiskeys verschnitten. Der Geschmack des Straight Bourbon ist etwas kräftiger, es eignen sich aber beide Arten zum Flambieren.
Der aromatisch-milde Rye Whiskey ist ein Roggendestillat von heller Farbe. Zum Flambieren wird er selten verwendet.
Kanadischer Whisky hat einen leichten, hellen Geschmack, der durch die Mischung von Mais, Roggen und Gerste zustande kommt. Er eignet sich vorzüglich zum Flambieren.

Wodka
ist das russische und polnische Nationalgetränk mit etwa 40 Volumenprozent Alkohol. Gebrannt wird er aus Kartoffeln und Getreide (Rußland) oder aus reinem Getreide – pure Grain (Polen). Reiner Getreideschnaps ist fast geschmacklos und daher sehr vielseitig zu verwenden.

Edelliköre
aus Obst oder aromahaltigen Fruchtschalen hergestellt, lassen sich, wie bereits an anderer Stelle erwähnt, trotz niedrigen Alkoholgehalts zum Flambieren verwenden, wenn man sie einfach mit etwas Weingeist mischt.

Die Zutaten

Beim Flambieren ist die Auswahl der geeigneten Zutaten genauso wichtig wie der richtige Alkohol. Aus diesem Grund geben wir Ihnen auf den folgenden Seiten wichtige Tips und Hinweise zum Einkauf, Vor- und Zubereitung der unterschiedlichen Lebensmittel.

Das Fleisch

Das Fleisch richtig zu braten ist das wichtigste beim Flambieren. Voraussetzung allerdings ist, daß Sie von Ihrem Metzger ein gut abgehangenes Stück bekommen. Gut abgehangen heißt, das Fleisch hat an Gewicht, an Blutwasser verloren. Je länger ein Fleischstück abgehangen wurde, um so zarter wird es. Wichtig ist das vor allem bei Stücken, die zum Kurzbraten geeignet sind, wie Steaks oder Lende.
Die gängige Regel, das Fleisch erst nach dem Braten zu würzen, da es sonst hart wird, können Sie bei kurzgebratenem Fleisch ruhigen Gewissens vergessen. Tatsache ist, daß sich die Fleischzellen durch die Einwirkung von Salz mit Wasser vollsaugen, bis sie platzen und dadurch der Zellsaft austritt. Dieser Prozeß dauert aber so lange, daß jede Art von Fleisch kurz vor dem Braten gesalzen werden kann. Da Sie ein nicht nur an der Oberfläche gewürztes Stück Fleisch haben wollen, wird kurz vor dem Braten gewürzt. So kann nämlich während des Bratvorganges das Gewürz in das Fleisch eindringen.
Gebraten wird in Öl, geschmacklich besser ist Butter. Achten Sie dann aber darauf, daß Sie nur geklärte Butter verwenden. Hierfür wird die Butter in einem Topf so lange bei mäßiger Hitze gekocht, bis das Wasser vollkommen verdunstet ist; schöpfen Sie den entstehenden Schaum dabei immer ab. Frische Butter sollten Sie zum Braten nicht verwenden, denn sie wird durch den Wassergehalt nicht so heiß, wie Sie es zum Braten benötigen. Außerdem kann sie allzu leicht spritzen, und verursacht deshalb unangenehme Fettspritzer auf Tisch und Anzug.
Wenn das Fleisch die richtige Kruste hat, nehmen Sie die Pfanne vom Feuer und lassen sie so lange abkühlen, bis das Prasseln des Fettes nachläßt, bevor Sie mit dem Flambieren beginnen.

Kalbfleisch

Kalbfleisch ist in der Flambierküche sehr beliebt, da es einen sehr feinen, zarten Geschmack hat. Es nimmt daher die Aromastoffe des Alkohols sehr gut auf.

Keule
Aus der Keule kann man zum Kurzbraten nur die Oberschale verwenden; aus ihr werden kleine Schnitzelchen geschnitten.

Filet
Kalbsfilet kann im Ganzen verwendet, aber auch in kleine Medaillons geschnitten und gebraten werden. Das Kalbsfilet ist eines der feinsten Fleischstücke, die auf den Feinschmeckertisch kommen. Kalbsfilet eignet sich auch zum Schnetzeln. Es darf dann aber nur kurz gebraten und nicht mit der Sauce gekocht werden.

Rücken
Der Kalbsrücken liefert uns die allseits bekannten Kalbskoteletts. Ausgelöster Kalbsrücken wird zugeschnitten und von allen Fett- und Hautstücken befreit als Kalbsrückensteak angeboten.

Kalbsbraten
Ein Kalbsbraten kann sowohl aus der Oberschale, der Nuß, dem Frikandeau als auch aus der Schulter geschnitten werden. Ein anderer Leckerbissen wird als Sattel oder Karree und Nierenbraten (Rücken) serviert. Für welches Stück Sie sich entscheiden, richtet sich nach Ihrem Geschmack. Eines haben aber alle Braten gemeinsam. Sie sollten erst kurz vor dem Servieren flambiert werden.

Rindfleisch

Das Rindfleisch ist ebenso wie das Kalbfleisch zum Flambieren geeignet. Bevorzugte Flambierspirituosen sind Cognac, Armagnac oder Weinbrand und natürlich die feinen Obstbrände wie Kirschwasser oder Birnengeist.

Keule
Fleisch aus der Rinderkeule kann man nicht zum Kurzbraten verwenden. Doch werden daraus Stücke geschnitten, die sich für deftigere Köstlichkeiten wie Rouladen oder Gulasch sehr gut eignen.

Filet
Nicht nur in der Flambierküche ist das Filet als das Fleisch bekannt, das sich am besten zum Kurzbraten eignet. Auf den Tisch oder in die Pfanne kommt es in verschieden große Steaks geschnitten wie Châteaubriand, Filet Mignon, Tournedo, Medaillon oder als Filetgeschnetzeltes. Auch im ganzen als Lendenbraten wird das Filet gerne flambiert; in diesem Fall bereitet man es aber in der Küche zu und bringt es erst dann auf das Flambierrechaud.

Roastbeef
Als Roastbeef wird das gespaltene Rückenstück des Hintersattels vom Rind bezeichnet. Aus diesem Stück wird das Porterhouse- oder das T-Bone-Steak geschnitten. Beide besitzen noch den Knochen. Ausgelöste Steaks ohne Knochen sind Rumpsteak, Entrecôte und das Entrecôte double.

Bug
Wie bei der Keule werden die Fleischteile des Bugs meist zum Kochen und Braten am Stück oder kleingeschnitten verwendet und erst nach dem Garen flambiert.

Schweinefleisch

Das Schwein liefert das beliebteste Fleisch in unserem Land. In der Flambierküche wird es jedoch nicht oft verwendet. Dies liegt an seinem sehr kräftigen Geschmack. Schweinefleisch läßt sich besser durch kräftige Kräuter und Gewürze verfeinern als durch das zarte Aroma der Spirituosen. Deshalb kommen nur sehr wenige Teile für das Flambieren in Frage.

Schinken
Die Keule des Schweins wird sehr vielseitig, deftig und fein verwendet, und Schnitzel aus der Oberschale und der Nuß sind als kleine Fleischteile in der Flambierküche willkommen. Sie sollten aber nur ganz kurz gebraten, leicht gewürzt und mit kräftigen Flambierspirituosen verfeinert werden. Sehr pikant sind auch hauchdünn geschnittene Rouladen, die mit erlesenen Füllungen in kürzester Zeit gebraten und flambiert werden können.

Kotelett
Dieses Stück vom Schwein ist den meisten gut bekannt; in der Flambierküche wird es jedoch selten verwendet. Falls Sie trotzdem flambieren wollen, sollten Sie kräftige Flambierspirituosen verwenden. Im Gegensatz zum Kotelett wird das Schweinerückensteak, der ausgelöste Schweinerücken, gerne flambiert, es läßt sich schnell und einfach in der Pfanne braten und vielseitig würzen.

Filet
Das Filet ist das einzige Fleischstück des Schweins, das sehr häufig zum Flambieren verwendet wird. Es wird dann im ganzen oder in Medaillons geschnitten gebraten. Jedoch müssen Sie auch hier, wie übrigens auch bei Filetgeschnetzeltem, kräftige Flambierspirituosen auswählen, damit die Feinschmeckerzunge auf ihre Kosten kommt.

Braten und Gulasch
Nur ganz selten werden Schweinebraten oder Schweinegulasch flambiert. Dies geschieht dann meist nur aus optischen Gründen und nicht um den Geschmack und das Aroma des jeweiligen Alkohols auf die Speisen zu übertragen.

Hammel- und Lammfleisch

Ähnlich wie beim Schweinefleisch werden nur wenige ausgewählte Stücke der beiden Tiere flambiert. Beim Hammel sind es eigentlich nur die Rückensteaks oder Koteletts und das Filet. Auch hier sollten Sie nur ganz charakteristische und starke Aromaträger zum Flambieren verwenden. Da Hammelfleisch sehr intensiv im Geschmack ist, sollten Sie es besser durch Lammfleisch ersetzen. Auch hier empfiehlt es sich, auf die edleren und zarteren Stücke zurückzugreifen.

Das Geflügel

Die Rezepte werden Ihnen zeigen, wie auch aus preiswerten Hähnchenteilen wie Keulen oder Brust durch Flambieren ein echtes Festessen gezaubert werden kann. Wenn Sie die Ware tiefgefroren kaufen, schauen Sie sich diese genau an. Hände weg von Packungen mit Schnee- oder Eisbildung. Auch weiße Frostflecken auf dem Fleisch deuten darauf hin, daß das Geflügel nicht immer sachgemäß gelagert und behandelt wurde.

Einer Salmonellenverseuchung in der Küche beugen Sie vor, wenn Sie die Teile zum Auftauen aus der Packung herausnehmen, vollständig auftauen und das Auftauwasser sofort wegschütten. Vor der Zubereitung sollte man das Fleisch immer unter fließendem kaltem Wasser gründlich waschen, abtropfen lassen und mit Küchenkrepp trockentupfen.
Braten Sie das Hähnchenfleisch immer gut durch. Geschirr und Besteck, das mit dem rohen Geflügel in Berührung gekommen ist, sollten Sie sofort zum Abwaschen beiseite stellen.

Das Wild

Wildfleisch zum Flambieren wird genauso behandelt wie andere Fleischsorten. Größere Stücke braten Sie ebenso in der Küche vor und wärmen sie bei Tisch nochmals kurz auf oder garen sie fertig. Es gilt jedoch, ähnlich wie bei Hammel- und Lammfleisch, daß nur charakteristische und starke Aromaträger zum Flambieren verwendet werden sollten.

Der Fisch

Für viele ist der Fisch in der Flambierküche ein Außenseiter. Doch gerade die vielen Seefischsorten sind ideale Partner für das feine Flambieraroma. Im Gegensatz zu flambiertem Fleisch bereiten Sie den Fisch in der Küche vor, denn auf empfindliche Nasen sollten Sie Rücksicht nehmen. Braten Sie den Fisch schon vorab und wärmen Sie ihn dann in heißer Butter auf. Kaufen Sie nur wirklich frischen Fisch, der nicht riechen sollte. Man erkennt ihn an den klaren, glänzenden Augen, rötlich schimmernden Kiemen und feuchter Haut. Und noch etwas: ein guter Fischhändler bewahrt seine Ware unter und nicht auf gestoßenem Eis auf. Bevor Sie den Fisch zubereiten, achten Sie auf die drei »S«: säubern, säuern (mit Zitronensaft oder Essig) und salzen.
Neben Fisch lassen sich natürlich auch die verschiedenen Meeresfrüchte, wie Scampi, Krevetten, Muscheln oder Tintenfische, sehr gut flambieren.

Die Süßspeisen

Nirgendwo wird das Flambieren lieber angewendet als in der Süßspeisen- und Dessertküche, denn hier kann der Feuerzauber aus schlichten und einfachen Gerichten Köstlichkeiten bereiten, die einem das Wasser im Munde zusammenlaufen lassen. Denken wir an Crêpes Suzette, die eigentlich aus kaum mehr als einem Eierkuchenteig bestehen. In der Süßspeisenküche wird häufig erst zum Schluß flambiert und der brennende Alkohol über das Gericht gegossen.
Da die Sauce den Alkohol verdünnt, ist es möglich, daß Sie nicht das gewünschte Ergebnis erzielen. Wenden Sie deshalb folgenden Trick an. Nachdem Sie die Sauce für Ihre Süßspeise zubereitet haben, müssen Sie die Pfanne leicht gekippt halten, so daß sich die Flüssigkeit auf einer Seite der Pfanne sammelt. Der saftfreie Teil wird kräftig erhitzt, die Pfanne dann kurz vom Feuer genommen und der Alkohol vorsichtig auf die heiße, trockene Seite geträufelt. Durch die hohe Temperatur erhitzt sich ein Teil des Alkohols bereits sehr schnell. Wenn Sie jetzt die Pfanne rasch auf das Feuer setzen, beginnt der Alkohol sofort zu brennen.
Erleichtert wird dieser Vorgang, wenn Sie auf die trockene Pfannenstelle etwas Puderzucker streuen. Der Zucker bindet die Spirituose und verhindert, daß sie sich zu schnell mit der zurückfließenden Saucenflüssigkeit vermischt.

Vorspeisen zum Auftakt

Die Vorspeise ist die Ouvertüre zu einem Menü. Eher zurückhaltend als aufdringlich, weckt sie den Appetit für kommende Gaumenfreuden. Und besonders jene kleinen Leckereien, die schnell und ohne großen Aufwand vorzubereiten sind, erhalten durch Flambieren den letzten Schliff.

Champignons mit Avocados

Sie benötigen für 4 Personen:

400 g kleine Champignonköpfe
Saft von 1 Zitrone
2 feste, nicht zu reife Avocados
3 EL Butter
1 Zwiebel
1 Schuß Weißwein
1 Prise Muskat
1 Prise Zucker
Salz
frisch gemahlenen Pfeffer
2 cl Weinbrand
1 Bund Petersilie
einige Zweige Dill
Zitronenscheiben

So wird's gemacht:

1. Die Champignons putzen und mit Zitronensaft beträufeln.
2. Die Avocados halbieren, entkernen, das Fruchtfleisch auslösen und in kleine Würfel schneiden. Ebenfalls mit Zitronensaft beträufeln.
3. Die Butter in einer Pfanne erhitzen und die geschälte und feingehackte Zwiebel darin glasig dünsten.
4. Die Champignonköpfe zu den Zwiebeln geben, den Weißwein dazugeben und etwas dünsten.
5. Die Avocadowürfel zu den Pilzen geben und einmal kurz aufkochen lassen.
6. Mit Muskat, Zucker, Salz und Pfeffer kräftig abschmecken.
7. Den Weinbrand leicht erwärmen und das Gericht damit flambieren.
8. Die Petersilie verlesen, waschen, gut abtropfen lassen, fein hacken und unterziehen.
9. Das Ganze anrichten, mit Dillzweigen und den Zitronenscheiben garniert servieren.

Champignons mit Rosinen

Sie benötigen für 4 Personen:

400 g frische Champignons
1 Zwiebel
5 EL Knoblauchbutter
100 g in Whisky eingelegte Rosinen
Salz
frisch gemahlenen Pfeffer
5 cl Whisky

So wird's gemacht:

1. Die Champignons putzen. Die Zwiebel schälen und fein hacken.
2. Die Knoblauchbutter in einer Pfanne erhitzen.
3. Die Champignons, die Rosinen und die Zwiebel hinzufügen und kurz dünsten.
4. Das Ganze mit Salz und Pfeffer würzen und mit Whisky flambieren.

Champignons mit Parmesan

Sie benötigen für 4 Personen:

400 g Champignons
½ Paprikaschote
½ Zwiebel
3 EL Olivenöl
Knoblauchsalz
frisch gemahlenen Pfeffer
2 cl Gin
3 EL geriebenen Parmesankäse
1 EL feingeschnittenen Schnittlauch

So wird's gemacht:

1. Die Champignons putzen. Die Paprikaschote fein würfeln. Die Zwiebel schälen und fein hacken.
2. Das Olivenöl in einer Flambierpfanne erhitzen und die gewaschenen Champignons hinzufügen.
3. Die Paprikaschote und die Zwiebel dazugeben, alles mit Knoblauchsalz und Pfeffer würzen.
4. Bei hoher Hitzezufuhr etwa 5 Minuten dünsten und mit Gin flambieren.
5. Das Ganze mit Parmesankäse und Schnittlauch bestreuen und servieren.

Schnecken »Gourmet«

Sie benötigen für 4 Personen:

1 Paprikaschote
100 g Champignons
50 g Lauch
1 kleine Knoblauchzehe
1 kleine Zwiebel
50 g Butter
24 Schnecken aus der Dose
Salz
frisch gemahlenen Pfeffer
5 cl Cognac
0,1 l Sahne
1 EL feingeschnittenen
Schnittlauch

So wird's gemacht:

1. Die Paprikaschote putzen und in Streifen schneiden.
2. Die Champignons und den Lauch putzen, die Knoblauchzehe und die Zwiebel schälen und alles kleinschneiden.
3. Die Butter in einer Pfanne erhitzen und die Schnecken hinzufügen.
4. Das Gemüse zufügen und kurz mitdünsten, mit Salz und Pfeffer würzen.
5. Das Ganze mit Cognac flambieren, die Sahne dazugießen und einkochen lassen. Mit Schnittlauch garnieren.

Schnecken mit Ananas und Champignons

Sie benötigen für 4 Personen:

50 g Champignons
1 Schalotte
4 EL Knoblauchbutter
24 Schnecken aus der Dose
Salz
frisch gemahlenen Pfeffer
100 g Ananaswürfel aus der Dose
3 cl Rum
3–4 EL Sahne
1 EL Zitronensaft

So wird's gemacht:

1. Die Champignons putzen und in Scheiben schneiden. Die Schalotte schälen und fein hacken.
2. Die Knoblauchbutter in einer Pfanne erhitzen.
3. Die Schnecken hinzufügen und mit Salz und Pfeffer würzen.
4. Die Schalotten, die Ananaswürfel und die Champignons hinzufügen und kurz dünsten.
5. Das Ganze mit Rum flambieren. Die Sahne und den Zitronensaft hinzufügen und kurz einkochen lassen.

Schnecken mit Artischockenherzen

Sie benötigen für 4 Personen:

24 Schnecken aus der Dose
2 EL Butter
2 Schalotten
2 EL Mehl
1 Glas Weißwein
1/4 l Kalbsbrühe
Saft von 1/2 Zitrone
einige Tropfen Worcestersauce
1 Dose Artischockenherzen
Salz, frisch gemahlenen Pfeffer
1 Prise Zucker
1 Prise Cayennepfeffer
4 EL Crème fraîche
2 cl Cognac
Kräuterzweige

So wird's gemacht:

1. Schnecken abtropfen lassen.
2. Die Butter in einer Pfanne erhitzen und die geschälten und feingehackten Schalotten darin glasig dünsten.
3. Das Mehl zu den Schalotten geben, mit dem Schneebesen unterrühren und anschwitzen.
4. Mit Weißwein unter ständigem Rühren ablöschen und mit Kalbsbrühe auffüllen.
5. Mit Zitronensaft und Worcestersauce aromatisieren und zur Sauce verkochen.
6. Die Artischockenherzen gut abtropfen lassen, kleinschneiden und mit den Schnecken in die Sauce geben.
7. 5 Minuten köcheln lassen. Mit Salz, Pfeffer, Zucker und Cayennepfeffer kräftig würzen.
8. Crème fraîche unterziehen, das Gericht mit Cognac flambieren, mit Kräutern garnieren.

Flambierte Champignons

Sie benötigen für 4 Personen:

500 g kleine Champignonköpfe
Saft von 2 Zitronen
2 EL Butter, 1 Zwiebel
Salz, frisch gemahlenen Pfeffer
1 Prise Muskat, 2 cl Weinbrand
1/4 Tasse gebundene Bratensauce
1 Tasse süße Sahne
4 EL gehackte Kräuter
2 Tomaten, in Würfeln

So wird's gemacht:

1. Die Champignonköpfe putzen, mit Zitronensaft beträufeln, 10 Minuten ziehen lassen.
2. Die Butter in einer Pfanne erhitzen und die feingehackte Zwiebel darin glasig dünsten.
3. Die Champignons kurz mitdünsten, würzen.
4. Mit Weinbrand flambieren.
5. Die Bratensauce und die Sahne angießen.
6. Die Kräuter und die enthäuteten, entkernten Tomatenwürfel unterziehen, kurz aufkochen und abschmecken.

Shrimps mit Artischockenböden

Sie benötigen für 4 Personen:

50 g Pfifferlinge
1 Knoblauchzehe
5 EL Butter
400 g Shrimps
200 g Artischockenböden aus der Dose
Salz
5 cl Gin
1 EL feingehacktes Basilikum

So wird's gemacht:

1. Die Pfifferlinge putzen und kleinschneiden, die Knoblauchzehe schälen und fein hacken.
2. Die Butter in einer Pfanne erhitzen. Die Shrimps, die Artischockenböden und die Knoblauchzehe hinzufügen, mit Salz würzen.
3. Die Pfifferlinge dazugeben, kurz erhitzen und mit Gin flambieren.
4. Das Ganze etwa 3 Minuten garen lassen und mit Basilikum bestreuen.

Seezungenfilet mit Erdbeeren

Sie benötigen für 4 Personen:

8 Seezungenfilets (400 g)
Salz
frisch gemahlenen Pfeffer
2 EL Mehl
4 EL Butter
4 cl Rum
5 cl Erdbeersirup
100 g Erdbeeren

So wird's gemacht:

1. Die Seezungenfilets mit Salz und Pfeffer würzen, mit Mehl bestäuben.
2. Die Butter in einer Pfanne erhitzen und die Seezungenfilets auf beiden Seiten etwa 3 Minuten braten.
3. Sofort mit Rum flambieren, mit Erdbeersirup ablöschen, die gesäuberten Erdbeeren hinzufügen und erhitzen.
Sehr gut paßt dazu Reis.

Flambierter geräucherter Lachs

Sie benötigen für 4 Personen:

4 Zitronen
3 EL Butter
400 g geräucherten Lachs, in Scheiben
5 cl Cognac

So wird's gemacht:

1. Die Zitronen sehr gut schälen, das Fruchtfleisch in gleich große Scheiben schneiden.
2. Die Butter in einer Pfanne erhitzen und die Zitronenscheiben in die Pfanne geben.
3. Das Ganze andünsten, die Lachsscheiben hinzufügen und ebenfalls erhitzen.
4. Dann mit Cognac flambieren und sofort auf heißen Tellern servieren.

Krabben mit Banane

Sie benötigen für 4 Personen:

1 kleine Schalotte
4 EL Butter
2 Bananen
2 cl Cognac
400 g Krabben
1 EL gehackte Petersilie

So wird's gemacht:

1. Die Schalotte schälen und fein würfeln.
2. Die Butter in einer Flambierpfanne erhitzen und die Schalotte darin kurz andünsten.
3. Die Bananen schälen, in Scheiben schneiden und dazugeben. Alles kurz erhitzen und mit Cognac flambieren.
4. Die Krabben hinzufügen und 2 Minuten erhitzen.
5. Mit Petersilie garnieren.

Heilbuttfilet mit Mandarinenscheiben

Sie benötigen für 4 Personen:

4 EL Olivenöl
1 EL gehackten Dill
400 g Heilbuttfilet
Meersalz
4 Mandarinen
2 EL Orangensaft
5 cl Grand Marnier

So wird's gemacht:

1. Das Olivenöl mit dem Dill in eine Schüssel geben.
2. Den Heilbutt in 4 Scheiben schneiden, mit Meersalz würzen und hinzufügen.
3. Die Mandarinen schälen, filetieren und bereitstellen.
4. Den Orangensaft in einer Pfanne erhitzen und die Mandarinen hinzufügen.
5. Das Heilbuttfilet dazugeben, kurz garen und mit Grand Marnier flambieren.

Hähnchenbrustfilets indisch

Sie benötigen für 4 Personen:

4 Hähnchenbrustfilets
Salz
frisch gemahlenen Pfeffer
1 Prise Ingwer
3 EL Butter
2 cl Cointreau
1 Zwiebel
¼ l helle gebundene Sauce
½ Becher Crème fraîche
1 EL Curry
Saft von 1 Zitrone
einige Tropfen Worcestersauce
1 Prise Zucker
4 Ananasscheiben
8 Lychees
1 Ei
Paniermehl
Öl zum Ausbacken
50 g geröstete Mandeln
einige Kaiserkirschen
einige Zweige Kerbel

So wird's gemacht:

1. Die Hähnchenbrustfilets mit Salz, Pfeffer und Ingwer kräftig würzen.
2. Die Butter in einer Pfanne erhitzen und die Brustfilets darin von beiden Seiten gut braten.
3. Die Brustfilets mit Cointreau flambieren, herausnehmen und warm stellen.
4. Die geschälte und feingehackte Zwiebel in dem verbliebenen Bratfett glasig dünsten.
5. Die helle Sauce angießen, die Crème fraîche unterziehen und aufkochen lassen.
6. Die Sauce mit Curry, Zitronensaft, Worcestersauce, Salz, Pfeffer und Zucker kräftig abschmecken und 2 bis 3 Minuten köcheln lassen.
7. In der Zwischenzeit die Ananasscheiben und die Lychees zuerst in dem verquirlten Ei, dann in Paniermehl wälzen und in heißem Öl goldgelb ausbacken.
8. Die Hähnchenbrustfilets in die Sauce geben, nochmals erhitzen, aber nicht mehr kochen lassen.
9. Die Hähnchenbrustfilets mit der Sauce anrichten, die Ananasscheiben und die Lychees dazugeben, mit Mandeln bestreuen, mit Kaiserkirschen und Kerbel garnieren und servieren.

Hähnchenbrustfilets mit Johannisbeeren

Sie benötigen für 4 Personen:

400 g Hähnchenbrustfilets
Salz
frisch gemahlenen Pfeffer
50 g Butter
200 g Johannisbeeren
5 cl Johannisbeersaft
3 cl Cointreau
2 cl Brandy

So wird's gemacht:

1. Die Hähnchenbrustfilets mit Salz und Pfeffer würzen. Die Butter in einer Pfanne erhitzen und die Filets von beiden Seiten goldgelb braten.
2. Die Johannisbeeren mit dem Johannisbeersaft hinzufügen und auf hoher Flamme einkochen lassen.
3. Das Ganze mit Cointreau und Brandy flambieren.

Hähnchenbrustfilets mit Kirschen

Sie benötigen für 4 Personen:

4 Hähnchenbrustfilets
Salz
frisch gemahlenen Pfeffer
3 EL Butter
2 cl Weinbrand
1 TL Zucker
1 Glas Rotwein
1/4 l gebundene Bratensauce
1 Prise Zimt
1 Prise Nelkenpulver
einige Tropfen Essig
200 g entsteinte Sauerkirschen
einige Zweige Basilikum

So wird's gemacht:

1. Die Hähnchenbrustfilets salzen und pfeffern.
2. Die Butter in einer Pfanne erhitzen und die Brustfilets darin von beiden Seiten gut braten.
3. Die Hähnchenbrustfilets mit Weinbrand flambieren, herausnehmen und warm stellen.
4. Den Zucker ins verbliebene Bratfett geben und leicht karamelisieren lassen.
5. Mit Rotwein ablöschen, die Bratensauce dazugeben und den Zucker loskochen.
6. Die Sauce mit Zimt, Nelkenpulver, Salz und Pfeffer kräftig würzen und mit Essig, je nach Geschmack, säuern.
7. Die Sauerkirschen gut abtropfen lassen, in die Sauce geben und einmal aufkochen lassen.
8. Die Hähnchenbrustfilets in die Sauce geben, nochmals erhitzen, aber nicht mehr kochen lassen.
9. Das Ganze kräftig abschmekken, anrichten und mit Basilikumzweigen garniert servieren.

Maiskolben mit wildem Reis

Sie benötigen für 4 Personen:

4 Maiskolben
150 g wilden Reis
Salz
Knoblauchsalz
5 EL Butter
2 cl Pastis

So wird's gemacht:

1. Die Maiskolben in Wasser etwa 25 Minuten garen.
2. Den Reis in Salzwasser etwa 20 Minuten gar kochen.
3. Das Wasser abgießen, 2 Minuten ruhen lassen und in einer Schüssel warm stellen.
4. Die gekochten Maiskolben mit Knoblauchsalz würzen.
5. Die Butter in einer Flambierpfanne erhitzen und die Maiskolben von allen Seiten goldbraun braten.
6. Die Kolben mit Pastis flambieren und auf dem Reis servieren.

Roher Schinken mit flambierten Melonenkugeln

Sie benötigen für 4 Personen:

16 dünne Scheiben rohen Schinken
0,1 l Orangensaft
Saft von ½ Zitrone
1 große Cantaloupe-Melone
3 cl Cointreau
3 cl Brandy

So wird's gemacht:

1. Auf 4 großen Tellern den rohen Schinken anrichten.
2. Den Orangensaft und den Zitronensaft in eine Pfanne geben.
3. Die Cantaloupe-Melone durchschneiden, die Kerne entfernen. Aus dem Fruchtfleisch Kugeln ausstechen oder in Würfel schneiden.
4. Das Melonenfleisch in die Pfanne geben, kurz erhitzen und mit Cointreau und Brandy flambieren.
5. Die Melone auf dem Schinken anrichten.

Feigen mit Schwarzwälder Schinken

Sie benötigen für 4 Personen:

2 EL Orangenmarmelade
4 EL Orangensaft
400 g Feigen (16 Stück)
4 cl Kirschwasser
8 Scheiben Schwarzwälder Schinken

So wird's gemacht:

1. Die Orangenmarmelade und den Orangensaft in eine Flambierpfanne geben.
2. Die Feigen putzen, waschen, hinzufügen und den Saft so lange einkochen lassen, bis er sirupartig ist.
3. Alles mit Kirschwasser flambieren, mit dem Schinken garnieren und servieren.

Fische aus Fluß und Meer

Für die meisten Feinschmecker ist Fisch ein Neuling in der Flambierküche. Doch probieren Sie selbst – der feine Geschmack der Fischfilets geht ein harmonisches Verhältnis mit dem Aroma der hochprozentigen Spirituosen ein.

Seezungenfilet mit Mandeln

Sie benötigen für 4 Personen:

600 g Seezungenfilet
Salz
frisch gemahlenen Pfeffer
2 EL Mehl
60 g Butter
2 cl Cognac
2 cl Weißwein
100 g gehackte Schalotten
0,1 l Sahne
100 g geschälte Mandeln
1 TL feingehackten Dill

So wird's gemacht:

1. Die Seezungenfilets mit Salz und Pfeffer würzen, mit Mehl bestäuben.
2. In einer Pfanne die Butter erhitzen und die Seezungenfilets bei geringer Hitzezufuhr etwa 5 Minuten garen.
3. Die Hitzezufuhr erhöhen und alles mit Cognac flambieren. Den Fisch herausnehmen und warm stellen.
4. Den Weißwein, die Schalotten, die Sahne, die Mandeln und den Dill in die Pfanne geben.
5. Alles einige Minuten einkochen lassen, nochmals abschmekken und mit dem Fisch servieren.

Der Tip

Achten Sie beim Flambieren darauf, daß Sie Kräuter und Nüsse erst nach dem der Alkohol abgebrannt ist dazugeben. Statt der oben angegebenen Mandeln können Sie auch ungesalzene Pistazien nehmen.

Seezungenfilet mit Muskatellertrauben

Sie benötigen für 4 Personen:

600 g Seezungenfilet
1 TL Meersalz
frisch gemahlenen Peffer
2 EL Mehl
5 EL Butter
1 EL Olivenöl
2 cl Kirschwasser
200 g Muskatellertrauben
2 EL Weißwein
1 Schachtel Kresse

So wird's gemacht:

1. Die Seezungenfilets mit Meersalz und Pfeffer würzen.
2. Die Filets mit Mehl bestäuben.
3. Die Butter mit dem Öl in einer Pfanne erhitzen und die Filets darin etwa 5 Minuten braten, mit Kirschwasser flambieren.
4. Die Muskattellertrauben waschen, halbieren und entkernen, mit dem Weißwein zu dem Fisch geben.
5. Den Wein kurz einkochen lassen. Die Kresse abschneiden, waschen und die Filets damit garnieren.

Flambierte Forellen nach Zuger Art

Sie benötigen für 4 Personen:

4 Forellen
Streuwürze
Salz
frisch gemahlenen Pfeffer
3 EL Öl
3 EL Butter
½ kleine Zwiebel
verschiedene Kräuter nach Belieben
0,1 l Fendant (herben Weißwein)
5 cl Pastis
1 Becher Sahne
1 TL Speisestärke

So wird's gemacht:

1. Die Forellen putzen, mit Streuwürze, Salz und Pfeffer innen und außen würzen.
2. Das Öl in einer Pfanne erhitzen und die Forellen von beiden Seiten leicht anbraten, herausnehmen und warm stellen.
3. Das Öl abgießen und die Butter in die Pfanne geben.
4. Die feingehackte Zwiebel und die Kräuter darin kurz andünsten, mit dem Weißwein ablöschen.
5. Die Forellen in die Pfanne geben und gar dünsten.
6. Das Ganze mit Pastis flambieren, die Forellen herausnehmen und warm stellen.
7. Die Sahne in die Pfanne geben und gut einkochen lassen. Eventuell noch mit der Speisestärke binden. Die Sauce abschmecken und zu den Forellen servieren.

Frischer Lachs mit Spinat

Sie benötigen für 4 Personen:

4 Scheiben frischen Lachs (600 g)
Salz
frisch gemahlenen Pfeffer
600 g Blattspinat
75 g Butter
5 cl Gin
0,1 l Sahne

So wird's gemacht:

1. Die Lachsscheiben mit Salz und Pfeffer würzen.
2. Den Blattspinat putzen.
3. Die Butter in einer Pfanne erhitzen und die Lachsscheiben darin etwa 10 Minuten garen.
4. Den Fisch mit Gin flambieren, die Hitzezufuhr reduzieren und den Spinat in kleinen Portionen zum Lachs geben.
5. Die Sahne hinzugießen und etwa 3 Minuten einkochen lassen.

Zander mit Krabben

Sie benötigen für 4 Personen:

4 Zanderfilets (à 150 g)
Salz
frisch gemahlenen Pfeffer
3 EL Mehl
100 g Champignons
50 g sehr mageren Speck
4 EL Öl
5 cl Cognac
5 EL Butter
2 EL gehackten Schnittlauch
100 g Krabben

So wird's gemacht:

1. Die Zanderfilets salzen und pfeffern, leicht mit Mehl bestäuben. Die Champignons putzen. Den Speck fein würfeln.
2. Das Öl in einer Pfanne erhitzen und die Zanderfilets darin etwa 5 Minuten garen.
3. Das Ganze mit Cognac flambieren. Danach die Zanderfilets aus der Pfanne nehmen und warm stellen.
4. Die Butter in der Pfanne erhitzen, den Speck und die Champignons hineingeben und kurz dünsten.
5. Den Schnittlauch und die Krabben hinzufügen, diese nur noch kurz erhitzen.
6. Alles über die Zanderfilets verteilen und servieren.

Heilbutt im Gemüsebett

Sie benötigen für 4 Personen:

600 g Heilbuttfilet
Salz
frisch gemahlenen Pfeffer
100 g Karotten
100 g Lauch
100 g Brokkoli
100 g Champignons
75 g Butter
5 cl Weinbrand
0,1 l Weißwein
0,1 l Fischfond (Fertigprodukt oder selbst hergestellt)
eventuell 2 EL gehackte Petersilie

So wird's gemacht:

1. Das Heilbuttfilet in Stücke teilen, mit Salz und Pfeffer würzen.
2. Die Karotten, den Lauch, die Brokkoli und die Champignons putzen. Die Karotten in Scheiben schneiden, den Lauch in Streifen schneiden, die Brokkoli in Röschen teilen.
3. In einer Pfanne die Butter erhitzen und die Heilbuttfilets darin etwa 7 Minuten garen.
4. Das Ganze mit Weinbrand flambieren und den Fisch herausnehmen.
5. Den Weißwein und den Fischfond in die Pfanne gießen, die Hitzezufuhr reduzieren und das Gemüse bis auf die Champignons dazugeben, etwa 10 Minuten garen.
6. Die Champignons zufügen und nochmals 5 Minuten garen.
7. Den Fisch kurz in der Sauce erhitzen, eventuell mit Petersilie garnieren und servieren.

Fischragout à l'Orange

Sie benötigen für 4 Personen:

600 g Fischfilet
(z. B. Rotbarsch oder Kabeljau)
Salz
Zitronensaft
1 Zwiebel
50 g Butter
5 cl Grand Marnier
5 cl Brandy
5 cl Fischfond
5 cl Orangensaft
1 EL Schale von unbehandelten Orangen, in dünne Streifen geschnitten
1 Msp. Safranfäden
Worcestersauce
Tabasco
Fischgewürz
1 EL grüne Pfefferkörner
0,1 l Sahne

So wird's gemacht:

1. Das Fischfilet säubern, mit Zitronensaft beträufeln und etwa 1 Stunde marinieren lassen. Dann salzen und in grobe Streifen schneiden.
2. Die Zwiebel fein hacken.
3. Die Butter in einer Pfanne erhitzen, die Fischstreifen und die Zwiebelwürfel kurz darin anbraten.
4. Das Ganze mit Grand Marnier und Brandy flambieren, den Fisch aus der Pfanne nehmen und warm stellen.
5. Den Fischfond und den Orangensaft angießen und einkochen lassen, die Gewürze und die Orangenschale zugeben.
6. Die Sahne angießen, die Sauce nochmal einkochen lassen, den Fisch dazugeben und alles kurz erhitzen.

Riesengarnelen in Safransauce

Sie benötigen für 4 Personen:

12 Riesengarnelen
Saft von 1 Zitrone
einige Tropfen Worcestersauce
Salz, frisch gemahlenen Pfeffer
2 EL Butter
2 Schalotten
1/4 l herben Weißwein
1/4 l Fischbrühe
1 Lorbeerblatt
2 EL Mehl, 2 EL Butter
1 Msp. Safran
2 cl Cognac
4 EL gehackte Kresse
Radieschenscheiben

So wird's gemacht:

1. Die Riesengarnelen vom Körper abdrehen und die Schwänze aus den Schalen lösen. Dann mit Zitronensaft und Worcestersauce beträufeln und 10 Minuten marinieren lassen, salzen und pfeffern.
2. 1 Eßlöffel Butter in einem Topf erhitzen, die sehr fein gehackten Schalotten dazugeben und glasig dünsten.
3. Mit dem Weißwein ablöschen und mit der Brühe auffüllen.
4. Das Lorbeerblatt dazugeben und 5 Minuten bei mäßiger Hitze köcheln lassen.
5. Das Mehl mit 2 Eßlöffel Butter verkneten, mit dem Schneebesen unter die Sauce schlagen und binden lassen.
6. Die Garnelen in Butter von allen Seiten braten, herausnehmen und warm stellen.
7. Die Sauce durch ein Sieb passieren und erneut erhitzen. Mit den Gewürzen abschmecken und die Garnelen dazugeben.
8. Das Ganze mit Cognac flambieren.
9. Die Kresse unter die Sauce ziehen, anrichten und mit Radieschenscheiben garnieren.

Flambierte Lachsforelle

Sie benötigen für 4 Personen:

1 Lachsforelle (etwa 800 g)
Salz
frisch gemahlenen Pfeffer
4 frische Pfirsiche
4 Tomaten
250 g Champignons
100 g Butter
0,1 l Gin
0,1 l Champagner oder Sekt
0,2 l süße Sahne
2 EL gehackte Petersilie

So wird's gemacht:

1. Die gesäuberte Lachsforelle (ohne Kopf) mit Salz und Pfeffer würzen.
2. Die Pfirsiche schälen, entkernen und in Scheiben schneiden. Die Tomaten kurz in heißes Wasser tauchen, enthäuten, in Stücke schneiden. Die Champignons putzen und in Scheiben schneiden.
3. In einer Pfanne die Butter erhitzen, die Lachsforelle hineingeben und sehr schnell von beiden Seiten Farbe nehmen lassen, dann bei kleiner Hitzezufuhr etwa 20 Minuten garen.
4. Die Hitzezufuhr erhöhen, die Forelle mit Gin flambieren, dann den Champagner hinzufügen.
5. Die Hitzezufuhr wieder reduzieren und die Sahne dazugeben.
6. Die Champignons, die Pfirsiche und die Tomaten hinzufügen, alles etwa 10 Minuten kochen lassen.
7. Die Petersilie zur Sauce geben, die Sauce nochmals abschmecken, das Gericht servieren.

Seeteufel mit Gartenkräutern

Sie benötigen für 4 Personen:

600 g Seeteufelfilet
Salz
frisch gemahlenen Pfeffer
75 g Butter
5 cl Wodka
0,2 l trockenen Weißwein
Saft von 1 Zitrone
100 g Blumenkohlröschen
1 Bund kleingeschnittene Brunnenkresse
1 Bund feingehackten Dill
3 Schalotten

So wird's gemacht:

1. Das Seeteufelfilet in 16 kleine Stücke schneiden, diese mit Salz und Pfeffer würzen. Die Schalotten schälen und fein hacken.
2. Die Butter in einer Pfanne erhitzen und die Seeteufelfilets darin etwa 10 Minuten braten, dann mit Wodka flambieren, herausnehmen und warm stellen.
3. Den Weißwein, den Zitronensaft und die Blumenkohlröschen hinzufügen.
4. Die Hitzezufuhr reduzieren, die Schalotten dazugeben und das Ganze etwa 15 Minuten garen.
5. Den Fisch wieder dazugeben und mit Kresse und Dill bestreuen.

Der Tip

Seeteufel ist ein sehr delikater, festfleischiger Fisch, der sich sehr gut zum Flambieren eignet.

Steinbuttfilet mit Kumquat

Sie benötigen für 4 Personen:

600 g Steinbuttfilet
1 TL Meersalz
frisch gemahlenen Pfeffer
5 EL Butter
3 cl Grand Marnier
3 cl Brandy
2 EL Zucker
1 EL Zitronensaft
1 EL Orangenmarmelade
4 EL Orangensaft
100 g Kumquats
einige Zweige Salbei

So wird's gemacht:

1. Die Steinbuttfilets mit Meersalz und Pfeffer würzen.
2. Die Butter in einer Pfanne erhitzen und die Steinbuttfilets darin etwa 5 Minuten braten.
3. Den Fisch mit 2 cl Grand Marnier und dem Brandy flambieren, aus der Pfanne nehmen und auf 4 Tellern warm halten.
4. Den Zucker, den Zitronensaft, die Orangenmarmelade und den Orangensaft in die Pfanne geben.
5. Die Kumquats waschen, in Scheiben schneiden, in die Sauce geben und diese einige Minuten bei hoher Temperatur einkochen lassen.
6. Nochmal mit Grand Marnier verfeinern und die Sauce über die bereitstehenden Filets geben, mit Salbeiblättern garnieren.

Barschfilet mit Walnüssen und Staudensellerie

Sie benötigen für 4 Personen:

100 g Staudensellerie
100 g Walnüsse
2 Tomaten
600 g Barschfilet
1 TL Meersalz
frisch gemahlenen Pfeffer
2 EL Mehl
60 g Butter
2 cl Gin
0,1 l Fischfond (Fertigprodukt oder selbst hergestellt)
2 EL gehackten Kerbel

So wird's gemacht:

1. Den Staudensellerie putzen und sehr fein schneiden, kurz in heißem Salzwasser blanchieren, herausnehmen und abkühlen lassen, dann in eine Schüssel geben.
2. Die Walnüsse grob hacken, die Tomaten häuten, die Kerne entfernen und das Tomatenfleisch würfeln. Walnüsse und Tomaten zu dem Sellerie geben.
3. Die Barschfilets mit Meersalz und Pfeffer würzen und mit Mehl bestäuben.
4. Die Butter in einer Flambierpfanne erhitzen und die Barschfilets darin etwa 5 Minuten braten.
5. Die Barschfilets mit Gin flambieren, dann aus der Pfanne nehmen und auf 4 Tellern warm halten.
6. Den Fischfond in die Pfanne geben und erhitzen.
7. Den bereitgestellten Sellerie, die Walnüsse und die Tomatenwürfel hinzufügen und alles einige Minuten durchkochen.
8. Die Sauce über die Barschfilets geben und mit Kerbel garnieren.

Flambierte Muscheln

Sie benötigen für 4 Personen:

1,5 kg bis 2 kg frische Miesmuscheln
3 EL Olivenöl
1 TL Salz
2 Knoblauchzehen
1/4 l Weißwein
1/2 l Fischbrühe
1 Tasse Essig
1 Bund Suppengemüse
1 mit Nelken gespickte Zwiebel
2 cl Weinbrand
Zitronenscheiben
Petersilienzweige

So wird's gemacht:

1. Die Miesmuscheln unter fließendem Wasser kräftig bürsten und säubern.

2. Das Olivenöl in einem Topf erhitzen und die mit Salz zerriebenen Knoblauchzehen darin glasig dünsten.
3. Mit Weißwein ablöschen, mit der Fischbrühe und dem Essig auffüllen.
4. Das geputzte Suppengemüse mit der gespickten Zwiebel in den Sud geben und bei mäßiger Hitze 8 bis 10 Minuten köcheln lassen.
5. Die Muscheln in den kochenden Sud geben, abdecken und 10 bis 15 Minuten garen.
6. Die Muscheln herausnehmen, gut abtropfen lassen und anrichten.
7. Die Muscheln auf der Servierplatte mit dem Weinbrand flambieren.
8. Die Muscheln mit Zitronenscheiben und Petersilienzweigen garnieren und servieren.

Jakobsmuscheln mit glasierten Karotten

Sie benötigen für 4 Personen:

200 g Karotten
8 EL Butter
3 EL Zucker
600 g Jakobsmuscheln, geputzt
Salz
frisch gemahlenen Pfeffer
2 cl Wodka
2 Schalotten
100 g Champignons
1 EL gehackten Dill

So wird's gemacht:

1. Die Karotten putzen, in Stücke schneiden und in Salzwasser bißfest kochen. Das Wasser abgießen und die Karotten mit 5 Eßlöffeln Butter und Zucker in einer Pfanne glasieren.
2. Die Jakobsmuscheln mit Salz und Pfeffer würzen.
3. Die restliche Butter in einer Flambierpfanne erhitzen und die Jakobsmuscheln darin etwa 4 Minuten braten.
4. Die Jakobsmuscheln mit Wodka flambieren, aus der Pfanne nehmen und warm stellen.
5. Die Schalotten schälen und fein hacken, die Champignons putzen und halbieren. Schalotten und Champignons hinzufügen und alles kurz mitdünsten.
6. Die Jakobsmuscheln und die Karotten dazugeben, nochmals kurz erhitzen, mit Dill garnieren und servieren.

Fleischgerichte, feurig gebraten

Wer Feuer und Flamme für kulinarische Genüsse ist, kommt an den Rezepten in diesem Kapitel nur schwer vorbei. Schwein, Rind, Kalb und Lamm geben sich die Ehre und lassen sich durch Hochprozentiges liebevoll veredeln.

Schweinelendchen mit Äpfeln

Sie benötigen für 4 Personen:

- 4 Schweinelendchen (à 175 g)
- Salz
- frisch gemahlenen Pfeffer
- 4 Äpfel
- 5 EL Öl
- 5 cl Calvados
- 0,1 l Sahne
- Saft von ½ Zitrone
- ½ Bund gehacktes Basilikum

So wird's gemacht:

1. Die Schweinelendchen mit Salz und Pfeffer würzen. Die Äpfel schälen, entkernen und in Scheiben schneiden.
2. Das Öl in einer Pfanne erhitzen und die Schweinelendchen bei kleiner Hitze von beiden Seiten braten, mit Calvados flambieren.
3. Die Schweinelendchen aus der Pfanne nehmen und warm halten.
4. Die Sahne, den Zitronensaft und das Basilikum in die Pfanne gießen und alles glattrühren.
5. Die Apfelscheiben hinzufügen und kurz mitgaren lassen.
6. Die Schweinelendchen nochmals in die Sauce geben, kurz erhitzen und servieren.

Schweinelendchen mit Feigen

Sie benötigen für 4 Personen:

- 200 g frische Feigen
- 600 g Schweinelende
- 1 EL Senf
- 4 Scheiben mageren Speck
- 4 EL Öl
- 4 cl Cognac

So wird's gemacht:

1. Die Feigen säubern und halbieren.
2. Die Schweinelende in 4 Stücke schneiden, mit Senf würzen, mit Speck umwickeln und den Speck am besten mit einem kleinen Metallspieß feststekken.
3. Das Öl in einer Flambierpfanne erhitzen und das Fleisch darin scharf anbraten.
4. Die Temperatur herunterstellen, die halbierten Feigen hinzufügen und etwa 5 Minuten mitdünsten.
5. Die Temperatur erhöhen und das Gericht mit Cognac flambieren.

Schweinemedaillons mit Himbeeren

Sie benötigen für 4 Personen:

8 Schweinemedaillons
Salz
frisch gemahlenen Pfeffer
6 EL Öl
3 cl Himbeergeist
4 cl Orangensaft
1 EL Zitronensaft
2 EL Orangenmarmelade
200 g Himbeeren

So wird's gemacht:

1. Die Schweinemedaillons mit Salz und Pfeffer von beiden Seiten würzen.
2. Das Öl in einer Flambierpfanne erhitzen und die Schweinemedaillons von beiden Seiten braten, sie sollen innen noch rosa sein.
3. Die Medaillons mit Himbeergeist flambieren, aus der Pfanne nehmen und auf 4 Tellern warm halten.
4. Den Orangensaft, den Zitronensaft und die Orangenmarmelade in die Pfanne geben, glattrühren und die gewaschenen und verlesenen Himbeeren hinzufügen.
5. Die Sauce kurz erhitzen und über die Schweinemedaillons geben.

Rindermedaillons »Opera«

Sie benötigen für 4 Personen:

8 Rindermedaillons
8 Scheiben geräucherten Speck
50 g Pfifferlinge
5 EL Butter
1 EL Olivenöl
200 g Hühnerleber
2 cl Cognac
0,1 l Bratensauce
3 bis 4 EL süße Sahne
1 TL Zitronensaft
2 cl Madeira

So wird's gemacht:

1. Die Rindermedaillons mit den Speckscheiben umlegen und mit Metallspießen feststecken.
2. Die Pfifferlinge putzen, eventuell kleinschneiden.
3. Die Butter mit dem Olivenöl in einer Flambierpfanne erhitzen und die Medaillons und die Hühnerleber kurz braten.
4. Das Ganze mit Cognac flambieren, dann aus der Pfanne nehmen, die Spieße von den Medaillons nehmen und warm halten.
5. Die Bratensauce, die süße Sahne und den Zitronensaft in die Pfanne gießen und glattrühren.
6. Die Sauce nochmals abschmecken, den Madeira und die Pfifferlinge hinzufügen und einige Minuten garen lassen.
7. Die Hühnerleber dazugeben und kurz erhitzen. Die Sauce und die Hühnerleber auf den Medaillons verteilen.

Rindermedaillons mit Sommergemüse

Sie benötigen für 4 Personen:

8 Rindermedaillons
8 Scheiben geräucherten Speck
Salz
frisch gemahlenen Pfeffer
75 g Pfifferlinge
½ rote Paprikaschote
1 Zwiebel
½ Zucchini
5 EL Öl
5 cl Gin
0,1 l Sahne
0,1 l pürierte Tomaten
5 EL Knoblauchbutter
2 EL Cognac

So wird's gemacht:

1. Die Rindermedaillons mit Speck umlegen, mit Salz und Pfeffer würzen. Die Pfifferlinge putzen und je nach Größe halbieren oder vierteln. Die Paprikaschote, die Zwiebel und die Zucchini putzen bzw. schälen, und fein würfeln.
2. Das Öl in einer Pfanne erhitzen und die Rindermedaillons nach Geschmack von beiden Seiten braten, danach mit Gin flambieren.
3. Das Fleisch aus der Pfanne nehmen und warm stellen.
4. Die Paprikaschoten, die Zwiebeln und die Zucchini in die Pfanne geben, etwa 5 Minuten dünsten.
5. Die Sahne, die Pfifferlinge und die pürierten Tomaten hinzufügen.
6. Die Knoblauchbutter dazurühren und das Ganze etwa 3 Minuten einkochen lassen.
7. Die Sauce mit dem Cognac verfeinern, die Rindermedaillons dazugeben, nochmals in der Sauce erhitzen und die Sauce abschmecken.

Fleischschwert »Djingis Kahn«

Sie benötigen für 4 Personen:

4 rote Paprikaschoten
4 Tomaten
200 g Rinderfilet
200 g Schweinelende
200 g Kalbsfilet
Salz
frisch gemahlenen Pfeffer
50 g Senf
4 große Champignons
4 kleine Bratwürste (à 50 g)
5 EL Öl
4 cl Cognac

So wird's gemacht:

1. Die Paprikaschoten putzen, entkernen und in Stücke schneiden.
2. Die Tomaten oben mit einem scharfen Messer einritzen, kurz in kochendheißes Wasser tauchen, dann die Haut abziehen.
3. Das Fleisch in Stücke schneiden, mit Salz und Pfeffer würzen und mit Senf bestreichen.
4. Die Champignons putzen.
5. Das Fleisch, das Gemüse und die Würstchen gleichmäßig auf 4 Fleischspieße verteilen.
6. Das Öl in einer Pfanne erhitzen und die Spieße von allen Seiten knusprig braun braten.
7. Die fertigen Spieße mit dem Cognac flambieren.

Husarenpfanne

Sie benötigen für 4 Personen:

2 mittelgroße Schweinefilets
Salz
schwarzen, frisch gemahlenen Pfeffer
1 Msp. Cayennepfeffer
2 EL scharfen Senf
3 EL Öl
2 Zwiebeln
450 g Austernpilze
je 2 EL gehackten Dill, Petersilie, Kerbel
2 cl Slibowitz

So wird's gemacht:

1. Die Schweinefilets von Haut und Sehnen befreien und mit Salz, Pfeffer und Cayennepfeffer kräftig würzen.
2. Die Filets mit Senf gleichmäßig einstreichen. Das Öl in einer Pfanne erhitzen und die Filets von allen Seiten braten, herausnehmen und warm stellen.
3. Die feingehackten Zwiebeln im verbliebenen Bratfett glasig dünsten.
4. Die geputzten und kleingeschnittenen Austernpilze zu den Zwiebeln geben und bei mäßiger Hitze 5 Minuten braten.
5. Die Pilze mit Salz und Pfeffer abschmecken und die Kräuter unterheben.
6. Die Schweinefilets zu den Pilzen geben und nochmals erhitzen.
7. Das Gericht mit dem Slibowitz flambieren, anrichten und mit einigen Kräutern garniert servieren.

Kalbsschnitzel mit Ananas und Kirschen

Sie benötigen für 4 Personen:

4 Kalbsschnitzel
Salz
frisch gemahlenen Pfeffer
2 EL Mehl
1 Eiweiß
4 EL Paniermehl
6 EL Öl
5 cl Cognac
2 Scheiben Ananas
100 g Kirschen
2 EL Butter

So wird's gemacht:

1. Die Kalbsschnitzel salzen und pfeffern, mit Mehl bestäuben, zuerst in dem leicht verquirlten Eiweiß, dann in Paniermehl wenden.
2. Das Öl in einer Flambierpfanne erhitzen und die Schnitzel darin von beiden Seiten goldgelb braten, mit Cognac flambieren.
3. Die Schnitzel aus der Pfanne nehmen und auf 4 Tellern warm halten.
4. Die Ananas würfeln, die Kirschen entsteinen und halbieren. Dann in der heißen Butter kurz andünsten.
5. Die Früchte auf den Schnitzeln verteilen und mit grob gemahlenem Pfeffer bestreuen.

Kalbsfilet mit Jakobsmuscheln

Sie benötigen für 4 Personen:

4 Kalbsfiletstücke (à 125 g)
200 g Jakobsmuscheln
Salz
frisch gemahlenen Pfeffer
100 g gemischte Pilze
7 EL Öl
3 cl Cointreau
2 cl Brandy
100 g Spargelstücke (gekocht oder aus der Dose)
0,1 l Sahne
0,1 l Bratensauce
1 EL gehackte Petersilie

So wird's gemacht:

1. Das Kalbsfilet und die Jakobsmuscheln mit Salz und Pfeffer würzen. Die Pilze putzen und kleinschneiden.
2. Das Öl in einer Pfanne erhitzen und das Fleisch dann von beiden Seiten anbraten. Die Jakobsmuscheln dazugeben und weiterbraten, dann mit Cointreau und Brandy flambieren.
3. Die Pilze und die Spargelstücke hinzufügen und kurz andünsten.
4. Die Sahne und die Bratensauce angießen.
5. Die Sauce kurz einkochen lassen, nochmals abschmecken und mit Petersilie bestreuen.

Kalbsmedaillons »Picasso«

Sie benötigen für 4 Personen:

4 Kalbsmedaillons
Salz
frisch gemahlenen Pfeffer
2 EL Mehl
1 Apfel
1 Banane
125 g rote Kirschen
wenig Zitronensaft
6 EL Öl
5 cl Calvados
2 EL gehackte Zitronenmelisse oder Schnittlauch

So wird's gemacht:

1. Die Kalbsmedaillons mit Salz und Pfeffer würzen, mit Mehl bestäuben.
2. Den Apfel schälen, das Kerngehäuse entfernen und das Fruchtfleisch würfeln. Die Banane schälen und in Scheiben schneiden. Die Kirschen entkernen. Das Obst mit etwas Zitronensaft beträufeln.
3. Das Öl in einer Flambierpfanne erhitzen und die Medaillons darin von beiden Seiten braten, mit Calvados flambieren, aus der Pfanne nehmen und warm stellen.
4. Die Früchte in die Pfanne geben, andünsten und auf den Medaillons verteilen, mit Zitronenmelisse oder Schnittlauch garnieren.

Kalbsentrecôtes »Espagnol«

Sie benötigen für 4 Personen:

4 Apfelsinen
4 Kalbsentrecôtes (à 175 g)
Salz
frisch gemahlenen Pfeffer
4 EL Öl
5 cl spanischen Weinbrand

So wird's gemacht:

1. Die Apfelsinen gründlich schälen und in Scheiben schneiden.
2. Die Kalbsentrecôtes mit Salz und Pfeffer würzen.
3. In einer Pfanne das Öl erhitzen und die Kalbsentrecôtes auf beiden Seiten braun braten.
4. Die Hitzezufuhr reduzieren und die Orangenscheiben auf die Kalbsentrecôtes legen.
5. Die Hitzezufuhr wieder erhöhen und alles mit Weinbrand flambieren.

PORT
19% vol.

Kalbsleber auf Zwiebelringen

Sie benötigen für 4 Personen:

600 g Kalbsleber
Salz
frisch gemahlenen Pfeffer
4 EL Mehl
2 Zwiebeln
60 g Butter
3 cl Wodka
4 EL pürierte Tomaten
1 Msp. Thymian
1 Knoblauchzehe
1 Bund frischen Kerbel

So wird's gemacht:

1. Die Kalbsleber würfeln und mit Salz und Pfeffer würzen, mit Mehl bestäuben.
2. Die Zwiebeln schälen und in Ringe schneiden, ebenfalls mit Mehl bestäuben.
3. Die Butter in einer Flambierpfanne erhitzen, die Leber darin von beiden Seiten kurz braten und mit Wodka flambieren.
4. Danach aus der Pfanne nehmen und warm stellen.
5. Die Zwiebelringe in die Pfanne geben und kurz dünsten, mit pürierten Tomaten ablöschen.
6. Den Thymian und die feingehackte Knoblauchzehe hinzufügen und die Sauce einige Minuten einkochen lassen.
7. Die Leber wieder in die Pfanne geben, nochmals kurz erhitzen und mit Kerbelblättchen garnieren.

Kalbsbries mit geräucherter Ochsenzunge

Sie benötigen für 4 Personen:

600 g Kalbsbries (Kalbsmilken), blanchiert und enthäutet
Salz
frisch gemahlenen Pfeffer
2 EL Mehl
100 g Champignons
60 g Butter
3 cl Cognac
100 g geräucherte Ochsenzunge
1 Tasse Bratensauce
4 bis 5 EL süße Sahne
3 cl Madeira
2 EL gehackte Petersilie

So wird's gemacht:

1. Das Kalbsbries in Scheiben schneiden, mit Salz und Pfeffer würzen, mit Mehl bestäuben. Die Champignons putzen und in Scheiben schneiden.
2. Die Butter in einer Flambierpfanne erhitzen und die Kalbsbriesscheiben darin von beiden Seiten goldbraun braten.
3. Das Kalbsbries mit Cognac flambieren, aus der Pfanne nehmen und auf 4 Tellern warm halten.
4. Die Champignons in die Pfanne geben und kurz in der Butter andünsten. Die Ochsenzunge würfeln, dazugeben und mit Bratensauce und süßer Sahne auffüllen.
5. Die Sauce kurz aufkochen lassen und mit Madeira abschmecken. Auf die Kalbsbriesscheiben geben und mit Petersilie garnieren.

Lamm-geschnetzeltes

Sie benötigen für 4 Personen:

500 g Lammfilet
Salz, frisch gemahlenen Pfeffer
1 TL Paprikapulver
3 EL Öl, 2 cl Wodka
1 kleine Stange Lauch
1 grüne Paprikaschote
2 Tassen gebundene Bratensauce
½ Tasse Crème fraîche
1 kleine Dose Pfifferlinge
feingehackte Kräuter

So wird's gemacht:

1. Das Lammfilet in kleine Würfel schneiden, kräftig würzen.
2. Das Öl in einer Pfanne erhitzen und das Fleisch darin sehr gut von allen Seiten braten. Mit dem Wodka flambieren, herausnehmen und warm stellen.
3. Das Gemüse putzen, in dünne Streifen schneiden und im Bratfett glasig dünsten.
4. Die Bratensauce und die Crème fraîche dazugeben.
5. Die Pfifferlinge unterheben und 5 Minuten köcheln lassen.
6. Das Fleisch in die Sauce geben, erhitzen und mit Kräutern bestreuen.

Flambierte Lammkoteletts

Sie benötigen für 4 Personen:

16 Lammkoteletts (ca. 600 g)
1 TL Thymian
Salz
frisch gemahlenen Pfeffer
100 g gemischte Pilze
5 EL Öl
5 cl Gin
Saft von ½ Zitrone
½ Bund kleingeschnittenen Salbei

So wird's gemacht:

1. Die Lammkoteletts mit Thymian, Salz und Pfeffer würzen. Die Pilze putzen und in Scheiben schneiden.
2. Das Öl in einer Pfanne erhitzen und die Lammkoteletts darin rosa braten.
3. Die Koteletts mit Gin flambieren, den Zitronensaft, den Salbei und die Pilze hinzufügen.
4. Das Ganze einige Minuten dünsten lassen, nochmals abschmecken und servieren.

Flambiertes Lammfilet

Sie benötigen für 4 Personen:

600 g Lammfilet
1 TL Thymian
Salz
frisch gemahlenen Pfeffer
4 Tomaten
2 EL Öl
5 cl Gin
5 EL Knoblauchbutter

So wird's gemacht:

1. Das Lammfilet in 4 Stücke à 150 g schneiden, mit Thymian, Salz und Pfeffer würzen.
2. Die Tomaten kurz in heißes Wasser tauchen, enthäuten und halbieren.
3. In einer Pfanne das Öl erhitzen, das Lammfilet darin etwa 10 Minuten braten.
4. Das Filet mit Gin flambieren, die Tomaten und die Knoblauchbutter hinzufügen, kurz erhitzen und servieren.

Geflügel einmal anders

Der sonntägliche schwere Gänsebraten hat ausgedient. Statt dessen treten kurzgebratene Geflügelgerichte ihren Siegeszug durch die moderne Küche an. Sie behalten ihr typisches Aroma und das Fleisch fasziniert durch den berühmten zarten Biß. Verfeinert mit erstklassigen Spirituosen, darf Geflügel auch auf Ihrer Speisekarte nicht fehlen.

Hühnerfilets »Tel Aviv«

Sie benötigen für 4 Personen:

4 Hühnerbrustfilets
1 Msp. Paprikapulver
1 Msp. Oregano
1 Msp. Thymian
Salz
60 g Butter
3 cl Grand Marnier
5 cl Weißwein
50 g Rosinen
0,1 l Bratensauce
1 EL feingeschnittenen Lauch
2 EL Ingwersirup (von eingelegtem Ingwer)
4 cl süße Sahne
2 EL gehackten Schnittlauch

So wird's gemacht:

1. Die Hühnerbrustfilets mit Paprikapulver, Oregano, Thymian und Salz würzen.
2. Die Butter in einer Flambierpfanne erhitzen und die Filets darin etwa 7 Minuten braten.
3. Mit Grand Marnier flambieren, die Filets aus der Pfanne nehmen und auf 4 heißen Tellern warm halten.
4. Den Weißwein in die Pfanne gießen, die Rosinen hinzufügen und alles einige Minuten kochen lassen.
5. Die Bratensauce, den Lauch, den Ingwersirup und die Sahne dazugeben, glattrühren und die Sauce etwa 3 Minuten einkochen lassen.
6. Die Sauce über die Filets geben und mit Schnittlauch garnieren.

Hähnchenkeulen mit Kokosnuß

Sie benötigen für 4 Personen:

8 Hähnchenkeulen
Salz
frisch gemahlenen Pfeffer
Curry
6 EL Öl
2 cl Weinbrand
4 EL süße Sahne
4 EL Bratensauce
4 EL Kokosraspel

So wird's gemacht:

1. Die Hähnchenkeulen mit Salz, Pfeffer und Curry würzen.
2. Das Öl in einer Flambierpfanne erhitzen und die Hähnchenkeulen darin etwa 15 Minuten goldbraun braten.
3. Die Hähnchenkeulen mit Weinbrand flambieren, aus der Pfanne nehmen und warm stellen.
4. Die Sahne und die Bratensauce angießen und die Sauce glattrühren.
5. Die Hähnchenkeulen wieder in die Pfanne geben, nochmals kurz erhitzen, mit Kokosraspel bestreuen und servieren.

Hähnchenspieß mit Äpfeln

Sie benötigen für 4 Personen:

4 Äpfel
600 g Hähnchenbrustfilets
Salz
frisch gemahlenen Pfeffer
80 g Butter
5 cl Calvados

So wird's gemacht:

1. Die Äpfel schälen, entkernen und in 8 Stücke schneiden.
2. Das Hähnchenfleisch in gleich große Stücke schneiden, mit Salz und Pfeffer würzen.
3. Die Geflügelfleischstücke und die Äpfel abwechselnd auf 4 Spieße stecken.
4. Die Butter in einer Pfanne erhitzen und die Spieße etwa 5 Minuten von allen Seiten braten.
5. Die Spieße mit Calvados flambieren und servieren.

Flambierte Hähnchen »Jäger Art«

Sie benötigen für 4 Personen:

600 g Hähnchenbrustfilets
1 Msp. Oregano
1 Msp. Knoblauchsalz
frisch gemahlenen Pfeffer
200 g Waldpilze
1 Zwiebel
1 Schalotte
1 Tomate
80 g Butter
Salz
3 cl Whisky

So wird's gemacht:

1. Die Hähnchenfilets mit Oregano, Knoblauchsalz und Pfeffer würzen.
2. Die Waldpilze putzen und in Stücke schneiden. Die Zwiebel und die Schalotte schälen und fein hacken. Die Tomate überbrühen, häuten, entkernen und die Filets würfeln.
3. 60 g Butter in einer Flambierpfanne erhitzen und die Hähnchenstücke etwa 8 Minuten auf allen Seiten goldgelb braten.
4. Die Filetstücke aus der Pfanne nehmen und warm stellen.
5. Die restliche Butter in die Pfanne geben und erhitzen.
6. Die Zwiebeln und die Schalotten hinzufügen und kurz anschwitzen.
7. Die Waldpilze dazugeben und 3 Minuten andünsten. Mit Salz und Pfeffer würzen.
8. Die Filetstücke wieder in die Pfanne geben und kurz erhitzen.
9. Die Tomaten hinzufügen, kurz erhitzen, alles mit Whisky flambieren und servieren.

Hähnchenbrust »Amsterdam«

Sie benötigen für 4 Personen:

4 Hähnchenbrustfilets
Salz
1 Msp. Cayennepfeffer
1 EL groben, französischen Senf
70 g Butter
1 TL gehackten frischen Estragon
2 cl Pastis
150 ml Bratensauce
5 cl süße Sahne
2 EL milden Senf
1 EL feingehackten Schnittlauch
1 EL Sherry
100 g Erdnüsse

So wird's gemacht:

1. Die Hähnchenfilets mit Salz, Cayennepfeffer und grobem Senf würzen.
2. Die Butter in einer Flambierpfanne erhitzen und die Hähnchenfilets darin etwa 8 Minuten goldgelb braten.
3. Den Estragon hinzufügen und das Ganze mit Pastis flambieren.
4. Die Filets herausnehmen, auf 4 Tellern anrichten und warm halten.
5. Die Bratensauce in die Pfanne geben, die süße Sahne, den Senf, den Schnittlauch und den Sherry hinzufügen und glattrühren.
6. Die Sauce aufkochen lassen und über die Filets geben, mit Erdnüssen garnieren.

Hähnchenbrust mit Kiwischeiben

Sie benötigen für 4 Personen:

4 Kiwis
4 Hähnchenbrustfilets
Salz
frisch gemahlenen Pfeffer
60 g Butter
5 cl Gin
5 cl Zitronensaft
0,1 l Orangensaft
2 EL Zucker
4 EL Apfelsinenmarmelade

So wird's gemacht:

1. Die Kiwis schälen und in gleich große Scheiben schneiden.
2. Die Hähnchenbrustfilets mit Salz und Pfeffer würzen.
3. Die Butter in einer Pfanne erhitzen und die Filets darin etwa 4 Minuten braten.
4. Das Fleisch mit Gin flambieren, den Zitronen- und Orangensaft angießen.
5. Den Zucker und die Apfelsinenmarmelade hinzufügen, alles kurz durchkochen lassen.
6. Die Kiwischeiben hinzugeben, gut erhitzen und servieren.

Hähnchenbrust »Brasil«

Sie benötigen für 4 Personen:

4 Hähnchenbrustfilets
Salz
frisch gemahlenen Pfeffer
90 g Butter
2 cl Rum
2 EL feingeschnittener Schnittlauch
½ Paprikaschote
½ Zwiebel
4 EL Bratensauce
2 EL süße Sahne
2 EL Kokosnußraspel
4 Scheiben Ananas

So wird's gemacht:

1. Die Filets salzen und pfeffern.
2. 70 g Butter in einer Flambierpfanne erhitzen und die Filets darin etwa 6 Minuten braten.
3. Die Filets mit Rum flambieren, dann aus der Pfanne nehmen und warm stellen.
4. Die Paprikaschote und die Zwiebel fein würfeln.
5. Die restliche Butter in die Pfanne geben und erhitzen. Schnittlauch, Paprika- und Zwiebelwürfel hinzufügen und kurz scharf anbraten.
6. Die Bratensauce und die Sahne in die Pfanne geben.
7. Die Filets in die Pfanne zurückgeben und kurz erhitzen. Mit Kokosnußraspel und den in Würfel geschnittenen Ananasscheiben garnieren.

Flambiertes Hühnerfrikassee

Sie benötigen für 4 Personen:

600 g Hühnerbrustfilet
Salz
frisch gemahlenen Pfeffer
60 g Butter
5 cl Weinbrand
1 rote Paprikaschote
200 g Champignons
1 Zwiebel
1 Msp. Cayennepfeffer
0,1 l Bratensauce
0,1 l Sahne
2 EL Schnittlauch

So wird's gemacht:

1. Das Hühnerfilet in Würfel schneiden und mit Salz und Pfeffer würzen.
2. Die Butter in einer Pfanne erhitzen und die Hühnerfiletwürfel darin etwa 5 Minuten knusprig braten.
3. Das Fleisch mit Weinbrand flambieren, aus der Pfanne nehmen und warm halten.
4. Die Paprikaschote putzen und in Streifen schneiden, die Champignons ebenfalls putzen und in Scheiben schneiden. Die Zwiebel schälen und fein hacken.
5. Das Gemüse mit der Zwiebel in der Pfanne anschwitzen, mit Cayennepfeffer würzen.
6. Die Bratensauce und die Sahne hinzufügen und einige Minuten einkochen lassen.
7. Das Fleisch wieder in die Sauce geben, nochmals erhitzen, abschmecken und mit Schnittlauch garnieren.

Entenbrust mit Orangen

Sie benötigen für 4 Personen:

4 Entenbrüste
frisch gemahlenen Pfeffer
Salz
1 EL Chilisauce
6 EL Öl
150 ml Orangensaft
3 EL Orangenmarmelade
1 EL Zitronensaft
1 TL Vanillezucker
4 Orangen
50 g Mandelsplitter
5 cl Grand Marnier

So wird's gemacht:

1. Die Entenbrüste mit Pfeffer, Salz und Chilisauce würzen.
2. Das Öl in einer Flambierpfanne erhitzen und die Entenbrüste darin von allen Seiten etwa 5 Minuten rosa braten.
3. Die Entenbrüste aus der Pfanne nehmen und warm stellen.
4. Den Orangensaft, die Orangenmarmelade, den Zitronensaft und den Vanillezucker hinzufügen, das Ganze etwa 5 Minuten reduzieren lassen.
5. Die Orangen schälen und in Scheiben schneiden. Die Mandeln in einer Pfanne rösten.
6. Die Entenbrüste in Scheiben schneiden, in die Pfanne zurückgeben, mit Orangenscheiben garnieren, kurz erhitzen und mit Grand Marnier flambieren.
7. Die Entenbrustfilets mit Mandelsplittern garnieren.

Taubenbrust im Gemüsebett

Sie benötigen für 4 Personen:

8 Taubenbrüste
Salz
frisch gemahlenen Pfeffer
1 TL Thymian
3 EL Butter
2 cl Weinbrand
1 kleine Stange Lauch
2 Karotten
1 Stück Sellerie
1 rote Paprikaschote
1 Schuß Weißwein
1 Tasse Geflügelbrühe
50 g Pekannüsse
2 EL Honig
1 Schuß Obstessig
1 Prise Cayennepfeffer
1 Msp. Muskat
2 EL gehackte Petersilie

So wird's gemacht:

1. Die Taubenbrüste mit Salz, Pfeffer und Thymian kräftig würzen.
2. Die Butter in einer Pfanne erhitzen und die Taubenbrüste darin kurz von beiden Seiten braten, mit Weinbrand flambieren, herausnehmen und warm stellen.
3. Das Gemüse putzen, waschen, in dünne Streifen schneiden und im Bratfett glasig dünsten.
4. Mit einem Schuß Weißwein ablöschen und mit der Geflügelbrühe auffüllen.
5. Die Pekannüsse dazugeben und das Ganze bei mäßiger Hitze 5 Minuten köcheln lassen, dann kräftig würzen.
6. Die Taubenbrüste in Scheiben schneiden, in die Sauce geben, erhitzen und mit Petersilie bestreuen.

Taubenbrust »St. Tropez«

Sie benötigen für 4 Personen:

8 Taubenbrüste
Knoblauchsalz
frisch gemahlenen Pfeffer
60 g Butter
5 cl Gin
100 g Pfifferlinge
1 Schalotte
5 cl Bratensauce
5 cl süße Sahne

So wird's gemacht:

1. Die Taubenbrüste mit Knoblauchsalz und Pfeffer würzen.
2. 40 g Butter in einer Pfanne erhitzen und die Fleischstücke darin etwa 4 Minuten braten.
3. Das Ganze mit Gin flambieren, die Taubenbrüste aus der Pfanne nehmen und warm stellen.
4. Die Pfifferlinge putzen und in Stücke schneiden. Die Schalotte schälen und würfeln.
5. Die restliche Butter in die Pfanne geben und die Pfifferlinge und die Schalotte darin andünsten.
6. Mit Bratensauce und Sahne auffüllen und die Sauce kurz einkochen lassen.
7. Die Taubenbrüste in Scheiben schneiden, in die Sauce geben, nochmal kurz erhitzen und servieren.

Flambiertes Hähnchen

Sie benötigen für 4 Personen:

1 Hähnchen (etwa 1,2 kg)
Salz
frisch gemahlenen Pfeffer
50 g Butter
1 EL französischer Senf
½ Dose getrüffelte Leberpastete
0,1 l Weißwein
0,1 l klare Bratensauce oder den Fond des Hähnchens
je 1 Msp. Paprikapulver, Oregano, Cayennepfeffer und Curry
2 EL halbsteifgeschlagene Sahne
5 cl Whiskey

So wird's gemacht:

1. Das Hähnchen salzen, pfeffern auf einen Grillspieß stecken, zusammenbinden und unter dem Grill etwa 60 Minuten garen, oder das Hähnchen in einen Bräter legen und im Backofen garen.
2. Dann zerlegen und warm stellen.
3. Die Butter in einer Flambierpfanne erhitzen, den Senf und die Leberpastete hinzufügen, mit Weißwein ablöschen und glattrühren.
4. Die Bratensauce dazugeben, kräftig würzen und alles gut einkochen lassen.
5. Die Sahne in die Sauce geben, die Hähnchenteile dazulegen und das Ganze mit Whiskey flambieren.

Putenschnitzel »Sri Lanka«

Sie benötigen für 4 Personen:

4 Putenschnitzel (ca. 600 g)
Salz
Cayennepfeffer
60 g Butter
3 cl Rum
5 cl Fleischbrühe
2 TL Curry
5 cl Birnensaft
5 cl süße Sahne
2 Bananen
2 EL gehackte Petersilie

So wird's gemacht:

1. Die Putenschnitzel mit Salz und Cayennepfeffer würzen.
2. Die Butter in einer Flambierpfanne erhitzen und das Fleisch darin etwa 8 Minuten braten.
3. Mit Rum flambieren, das Fleisch aus der Pfanne nehmen und auf 4 heißen Tellern warm halten.
4. Die Fleischbrühe mit dem Curry in die Pfanne geben und kurz aufkochen.
5. Den Birnensaft angießen und das Ganze so lange reduzieren, bis eine sirupartige Flüssigkeit entsteht.
6. Die Sahne hinzufügen, glattrühren und die Sauce nochmals mit den Gewürzen abschmecken.
7. Die Bananen schälen, in Scheiben schneiden, in die Sauce geben und kurz erhitzen.
8. Die Sauce über die Schnitzel geben und alles mit Petersilie bestreut servieren.

Gänsebrust mit grünem Pfeffer

Sie benötigen für 4 Personen:

4 Gänsebrüste
Knoblauchsalz
1 TL Chilisauce
½ Zwiebel
½ Paprikaschote
70 g Butter
2 cl Cognac
0,1 l Bratensauce
4 cl süße Sahne
1 EL eingelegte grüne Pfefferkörner
1 EL Pfeffersaft
1 TL gehackten frischen Estragon
1 EL gehackten Schnittlauch

So wird's gemacht:

1. Die Gänsebrüste mit Knoblauchsalz und Chilisauce würzen. Die Zwiebel schälen und fein hacken. Die Paprikaschote kleinschneiden.
2. Die Butter in einer Flambierpfanne erhitzen und die Fleischstücke darin etwa 15 Minuten braten, so daß das Fleisch noch rosa ist.
3. Die Gänsebrüste mit Cognac flambieren, dann aus der Pfanne nehmen, auf 4 Tellern anrichten und warm halten.
4. Die Bratensauce und die süße Sahne in die Pfanne geben und glattrühren.
5. Die grünen Pfefferkörner und den Pfeffersaft hinzufügen.
6. Die Paprikaschote mit den Zwiebeln und dem Estragon zu den Pfefferkörnern geben und das Ganze 3 Minuten reduzieren lassen.
7. Die Sauce über die Gänsebrüste geben und mit Schnittlauch garnieren.

Gänsebrust mit Heidelbeeren

Sie benötigen für 4 Personen:

4 Gänsebrüste
Salz
frisch gemahlenen Pfeffer
60 g Butter
2 EL Öl
5 cl Kirschwasser
250 g Heidelbeeren
2 EL Sahne
3 EL Tannenhonig
1 TL Thymian

So wird's gemacht:

1. Die Gänsebrüste mit Salz und Pfeffer würzen.
2. Die Butter mit dem Öl in einer Pfanne erhitzen und die Gänsebrüste darin etwa 15 Minuten braten.
3. Mit Kirschwasser flambieren, aus der Pfanne nehmen und warm halten.
4. Die Heidelbeeren verlesen, waschen und in die Pfanne geben.
5. Die Sahne, den Tannenhonig und den Thymian hinzufügen und kurz aufkochen lassen.
6. Die Gänsebrüste nochmals in die Pfanne geben und kurz erhitzen.

Fasanenbrust mit gehackten Haselnüssen

Sie benötigen für 4 Personen:

4 Fasanenbrustfilets
Salz
frisch gemahlenen Pfeffer
50 g Steinpilze
80 g Butter
1 EL Öl
0,1 l Sahne
0,1 l Bratensauce
100 g gehackte Haselnüsse
5 cl Portwein
5 cl Whisky

So wird's gemacht:

1. Die Fasanenbrüste mit Salz und Pfeffer würzen. Die Steinpilze putzen und kleinschneiden.
2. Die Butter in einer Pfanne erhitzen, das Öl hinzufügen und die Fasanenbrüste darin etwa 10 Minuten braten, dann aus der Pfanne nehmen und warm halten.
3. Die Sahne und die Bratensauce angießen und die Haselnüsse hinzufügen.
4. Die Steinpilze und den Portwein dazugeben und etwa 5 Minuten einkochen lassen.
5. Die Fasanenbrüste hinzufügen, nochmals erhitzen und mit Whisky flambieren.

Fasanenbrust mit Früchten

Sie benötigen für 4 Personen:

4 Fasanenbrustfilets
Salz, frisch gemahlenen Pfeffer
1 TL Wacholderbeeren, geschrotet
3 EL Butter
2 cl Cognac
4 Schalotten
2 Pfirsichhälften, enthäutet
100 g frische Erdbeeren
2 Kiwifrüchte
1/4 l Geflügelbrühe
einige Tropfen Zitronensaft
1 Msp. Ingwerpulver
1 Bund Zitronenmelisse

So wird's gemacht:

1. Die küchenfertigen Fasanenbrustfilets mit Salz, Pfeffer und den Wacholderbeeren kräftig würzen.
2. Die Butter in einer Pfanne erhitzen und die Fasanenbrustfilets darin von beiden Seiten braten.
3. Mit Cognac beträufeln und flambieren, herausnehmen und warm stellen.
4. Die geschälten und feingehackten Schalotten ins verbliebene Bratfett geben und glasig dünsten.
5. Die Pfirsichhälften in Scheiben schneiden, die Erdbeeren waschen, putzen, abtropfen lassen, halbieren, die Kiwifrüchte schälen, halbieren und in Scheiben schneiden.
6. Die Früchte zu den Zwiebeln geben und kurz andünsten.
7. Mit der Brühe auffüllen und das Ganze mit den Gewürzen abschmecken.
8. Die Fasanenbrustfilets in die Sauce geben, nochmals erwärmen, aber nicht mehr kochen lassen.
9. Die Fasanenfilets mit den Früchten anrichten und mit Zitronenmelissezweigen garniert servieren.

Wild aus Wald und Flur

Wer den eigenwillig individuellen Geschmack des Wildfleisches liebt, für den gibt es nichts Schöneres auf der kulinarischen Speisekarte. Kleine Medaillons und feinfleischiges Filet werden sowohl solo als auch mit Gemüse und Früchten gemischt durch Flambieren vollendet.

Wildspieß »Hubertus«

Sie benötigen für 4 Personen:

200 g Rehfilet
200 g Hasenfilet
200 g Wildschweinfilet
200 g Hirschfilet
Knoblauchsalz
frisch gemahlenen Pfeffer
4 gelbe Paprikaschoten
8 große Champignons
5 EL Öl
0,1 l Whisky

So wird's gemacht:

1. Die einzelnen Fleischstücke in gleich große Stücke schneiden und mit Knoblauchsalz und Pfeffer würzen.
2. Jede Paprikaschote putzen, in Stücke schneiden und bereitstellen. Die Champignons putzen und ebenfalls bereitstellen.
3. Die Filetstücke, die Paprikastücke und die Champignons gleichmäßig auf 4 Spieße verteilen.
4. In einer Pfanne das Öl erhitzen und die Spieße darin von allen Seiten braun braten.
5. Dann mit Whisky flambieren und servieren.

Wildschwein-medaillons »Chasseur«

Sie benötigen für 4 Personen:

8 Wildschweinmedaillons
(ca. 600 g)
Knoblauchsalz
frisch gemahlenen Pfeffer
½ Zwiebel
5 EL Öl
5 cl Cognac
100 g gewürfelten Speck
200 g Waldpilze
2 EL feingeschnittenen
Schnittlauch
1 TL Thymian
2 Tomaten

So wird's gemacht:

1. Die Wildschweinmedaillons mit Knoblauchsalz und Pfeffer würzen. Die Zwiebel schälen und fein würfeln.
2. Das Öl in einer Pfanne erhitzen und die Wildschweinmedaillons darin etwa 4 Minuten braten.
3. Die Medaillons mit Cognac flambieren, aus der Pfanne nehmen und warm stellen.
4. Speckwürfel in die Pfanne geben und auslassen.
5. Die Waldpilze putzen, kleinschneiden und mit dem Schnittlauch, den Zwiebeln und dem Thymian hinzufügen.
6. Die Tomaten häuten, in Würfel schneiden und ebenfalls zufügen. Alles einige Minuten dünsten lassen.
7. Die Wildschweinmedaillons dazugeben, nochmals erhitzen und servieren.

Flambierter Kaninchenpfeffer

Sie benötigen für 4 Personen:

600 g Kaninchenfleisch
Salz
frisch gemahlenen Pfeffer
4 EL Öl
5 cl Weinbrand
0,1 l Rotwein
100 g Champignons
½ Zwiebel
1 EL gehackten Schnittlauch
½ rote Paprikaschote
0,1 l Sahne

So wird's gemacht:

1. Das Kaninchenfleisch in kleine Stücke schneiden und mit Salz und Pfeffer würzen.
2. Die Champignons putzen und in Scheiben schneiden. Die Zwiebel schälen und würfeln. Die Paprikaschote putzen und würfeln.
3. Das Öl in einer Pfanne erhitzen und die Fleischstückchen darin gut braten.
4. Danach mit Weinbrand flambieren und mit Rotwein ablöschen.
5. Die Champignons, die Zwiebeln, den Schnittlauch und die Paprikawürfel hinzufügen und etwa 15 Minuten schmoren lassen.
6. Die Sahne hinzufügen, kurz einkochen lassen und die Sauce nochmals abschmekken.

Hasenpfeffer »Rhön«

Sie benötigen für 4 Personen:

600 g Hasenfleisch
1 Zwiebel
1 Schalotte
4 Scheiben Ananas
1 kleine kandierte Ingwerknolle
2 EL Senf
Knoblauchsalz
frisch gemahlenen Pfeffer
2 EL Mehl
7 EL Öl
5 cl Rotwein
3–4 EL Bratensauce
2 EL süße Sahne
Tabasco
5 cl Cognac
2 EL feingehackte Petersilie

So wird's gemacht:

1. Das Hasenfleisch in Würfel schneiden.
2. Die Zwiebel und die Schalotte schälen und fein hacken. Die Ananas würfeln, die Ingwerknolle sehr fein hacken.
3. Das Fleisch mit Senf, Knoblauchsalz und Pfeffer würzen, mit Mehl bestäuben.
4. Das Öl in einer Flambierpfanne erhitzen und das Fleisch darin scharf anbraten.
5. Die Zwiebelwürfel dazugeben und kurz mitbraten.
6. Mit Rotwein ablöschen und die Schalotte, die Ananasstucke, den Ingwer, dic Bratensauce und die süße Sahne hinzufügen. Den Hasenpfeffer etwa 10 Minuten kochen und die Sauce nochmals mit den Gewürzen und Tabasco abschmecken.
7. Das Ganze mit Cognac flambieren und mit Petersilie garnieren.

Hasenfilet »Maroc«

Sie benötigen für 4 Personen:

4 Hasenrückenfilets
Knoblauchsalz
frisch gemahlenen Pfeffer
5 EL Öl
5 cl Cointreau
2 cl Brandy
2 EL Orangenmarmelade
2 EL Mandarinensaft
1 EL Zitronensaft
200 g geschälte Mandarinen

So wird's gemacht:

1. Die Hasenrückenfilets mit Knoblauchsalz und Pfeffer würzen.
2. Das Öl in einer Pfanne erhitzen und die Hasenrückenfilets von allen Seiten gut braten, dann mit 3 cl Cointreau und dem Brandy flambieren.
3. Die Hasenrückenfilets aus der Pfanne nehmen und warm stellen.
4. Die Orangenmarmelade in die Pfanne geben, den Mandarinen- und den Zitronensaft hinzufügen und einige Minuten einkochen lassen.
5. Die Mandarinen filetieren, mit dem restlichen Cointreau verfeinern und erhitzen.
6. Die Hasenrückenfilets dazugeben, nochmals erhitzen und servieren.

Hasenfilet mit Dill

Sie benötigen für 4 Personen:

4 Hasenrückenfilets
1 EL Senf
Salz
frisch gemahlenen Pfeffer
1/2 kleine Aubergine
1 Tomate
7 EL Öl
2 cl Weinbrand
4 cl Weißwein
5–6 EL Bratensauce
2 EL gehackten Dill
1 EL feingehackten Schnittlauch
2–3 EL süße Sahne
1 TL Pastis

So wird's gemacht:

1. Die Hasenrückenfilets mit Senf, Salz und Pfeffer würzen. Die Aubergine und die Tomate fein würfeln.
2. Das Öl in einer Flambierpfanne erhitzen und das Fleisch darin von allen Seiten kräftig braten.
3. Mit Weinbrand flambieren, die Filets aus der Pfanne nehmen, auf 4 heißen Tellern anrichten und warm halten.
4. Die Aubergine und die Tomate in die Pfanne geben und unter Rühren dünsten.
5. Den Weißwein und die Bratensauce in die Pfanne gießen und glattrühren.
6. Die Kräuter und die Sahne hinzufügen, die Sauce kurz einkochen lassen, mit Pastis verfeinern.
7. Die Sauce nochmals abschmecken und über die Filets geben.

Hasenfilet mit Kiwis

Sie benötigen für 4 Personen:

4 Hasenrückenfilets
Salz
frisch gemahlenen Pfeffer
3 EL Öl
2 cl Cointreau
2 Schalotten
etwas Orangenschale
2 EL mittelscharfen Senf
2 EL Johannisbeergelee
1 Schuß Rotwein
Saft von 1 Zitrone
1/4 l gebundene Bratensauce
100 g frische Johannisbeeren
100 g Heidelbeeren
2 Kiwifrüchte
einige Zweige Kerbel
etwas Schnittlauch

So wird's gemacht:

1. Die Hasenrückenfilets kräftig salzen und pfeffern.
2. Das Öl in einer Pfanne erhitzen und die Hasenrückenfilets von allen Seiten darin braten.
3. Mit Cointreau flambieren, herausnehmen und warm stellen.
4. Die geschälten und feingehackten Schalotten im verbliebenen Bratfett glasig dünsten.
5. Die Orangenschale in Streifen schneiden und dazugeben.
6. Senf, Johannisbeergelee, Rotwein, Zitronensaft und Bratensauce dazugeben.
7. Die Beeren waschen. Die Kiwifrüchte schälen, halbieren und in dünne Scheiben schneiden.
8. Die Früchte in die Sauce geben und einmal kurz aufkochen lassen.
9. Die Hasenrückenfilets dazugeben und erhitzen, mit den Kräutern garnieren.

Rehmedaillons »Claudia«

Sie benötigen für 4 Personen:

8 Rehmedaillons (ca. 600 g)
1 EL Senf
Salz
Cayennepfeffer
1 Schalotte
200 g Champignons
½ Paprikaschote
7 EL Butter
5 cl Rotwein
Tabasco
1 EL feingehackten Salbei
4 cl süße Sahne
4 cl Cognac

So wird's gemacht:

1. Die Rehmedaillons mit Senf, Salz und Cayennepfeffer würzen.
2. Die Schalotte schälen und fein hacken, die Champignons putzen und die Stiele herausdrehen. Die Paprikaschote fein würfeln.
3. Die Butter in einer Flambierpfanne erhitzen und die Rehmedaillons darin von beiden Seiten etwa 5 Minuten braten.
4. Die Medaillons aus der Pfanne nehmen und warm stellen.
5. Den Rotwein in die Pfanne gießen. Die Schalotte, den Tabasco, den Salbei, die Champignons und die Paprikawürfel hinzufügen und die Sauce etwa 5 Minuten einkochen lassen.
6. Die Sauce mit süßer Sahne verfeinern und nochmals mit den Gewürzen abschmecken.
7. Die Medaillons wieder in die Pfanne geben und kurz erhitzen, mit Cognac flambieren.

Rehmedaillons »Desirée«

Sie benötigen für 4 Personen:

8 Rehmedaillons (ca. 600 g)
Knoblauchsalz
frisch gemahlenen Pfeffer
60 g Butter
1 EL Öl
5 cl Himbeergeist
0,1 l Weißwein
0,1 l Birnensaft
1 EL gehackten Dill
4 EL Johannisbeeren
100 g saure Sahne
8 halbe Birnen aus der Dose

So wird's gemacht:

1. Die Rehmedaillons mit Knoblauchsalz und Pfeffer würzen.
2. Die Butter mit dem Öl in einer Pfanne erhitzen und die Rehmedaillons darin von beiden Seiten kurz braten.
3. Dann die Medaillons mit Himbeergeist flambieren, aus der Pfanne nehmen und warm stellen.
4. Den Bratensatz mit dem Weißwein ablöschen, den Birnensaft, den Dill und die Johannisbeeren dazugeben.
5. Das Ganze einige Minuten einkochen lassen und die saure Sahne hinzufügen.
6. Die Sauce glattrühren, die Birnenhälften und die Medaillons dazugeben, kurz erhitzen, nochmals abschmecken und servieren.

GRANDS VINS
1983

Hirschgulasch »Hawaii«

Sie benötigen für 4 Personen:

600 g Hirschkeule
Salz
frisch gemahlenen Pfeffer
6 EL Öl
0,1 l Rum
2 EL Weißwein
2 EL Zitronensaft
200 g Ananas
100 g Steinpilze
½ rote Paprikaschote
1 Zwiebel
1 Knoblauchzehe
100 g Schwarzwurzeln aus der Dose
0,1 l Sahne

So wird's gemacht:

1. Das Hirschfleisch in kleine Stücke schneiden und mit Salz und Pfeffer würzen.
2. Das Öl in einer Pfanne erhitzen und die Fleischstücke darin von allen Seiten sehr gut braten.
3. Das Ganze mit Rum flambieren und mit Weißwein und Zitronensaft ablöschen.
4. Die Ananas und die geputzten Steinpilze in Stücke schneiden, die Paprikaschote würfeln, die Zwiebel und die Knoblauchzehe schälen und fein hacken.
5. Ananas, Steinpilze, Paprikawürfel, Zwiebeln, Knoblauch und Schwarzwurzeln zum Fleisch geben und dünsten.
6. Die Sahne dazugeben, etwa 4 Minuten einkochen lassen, das Gulasch nochmals abschmecken und servieren.

Hirschfilet mit Kirschen

Sie benötigen für 4 Personen:

8 Hirschmedaillons (ca. 600 g)
Salz
frisch gemahlenen Pfeffer
1 EL scharfen Senf
60 g Butter
1 EL Öl
3 cl Cointreau
2 cl Brandy
1 EL Kirschmarmelade
2 EL Zitronensaft
4 EL Orangensaft
200 g Amarenakirschen

So wird's gemacht:

1. Die Hirschmedaillons mit Salz und Pfeffer würzen und mit Senf bestreichen.
2. Die Butter mit dem Öl in einer Pfanne erhitzen und die Hirschmedaillons auf beiden Seiten jeweils 3 Minuten braten.
3. Die Hirschmedaillons mit Cointreau und Brandy flambieren, aus der Pfanne nehmen und warm stellen.
4. Die Kirschmarmelade, den Zitronensaft und den Orangensaft hinzufügen und kurz einkochen lassen.
5. Die Amarenakirschen hinzufügen und kurz mitkochen.
6. Die Hirschmedaillons wieder in die Pfanne geben, kurz erhitzen und servieren.

Kleine Köstlichkeiten

Als Zwischengericht vor dem Hauptgang oder als kleines Mittag- oder Abendessen sind die folgenden Rezepte gedacht. Zutaten von bester Qualität und fachgerechte Zubereitung sorgen auch hier für den kulinarischen Leckerbissen.

Scampi »Provenzal«

Sie benötigen für 4 Personen:

12 gesäuberte Scampi
Meersalz
frisch gemahlenen Pfeffer
50 g rote Paprikaschote
50 g Lauch
2 Schalotten
50 g Champignons
3–4 EL Öl
5 cl Wodka
0,1 l Sahne
0,1 l pürierte Tomaten
1–2 EL Cognac
1 EL Chilisauce oder
ein paar Spritzer Tabasco

So wird's gemacht:

1. Die Scampi mit Meersalz und Pfeffer würzen. Die Paprikaschote und den Lauch fein schneiden. Die Schalotten schälen und hacken, die Champignons putzen und in feine Scheiben schneiden.
2. Das Öl in einer Pfanne erhitzen und die Scampi darin etwa 3 Minuten von allen Seiten braten.
3. Die Scampi mit Wodka flambieren und die Paprikaschote, den Lauch, die Schalotten und die Champignons hinzufügen.
4. Die Sahne und die pürierten Tomaten angießen.
5. Die Sauce mit Cognac und Chilisauce verfeinern, etwa 2 Minuten reduzieren, nochmals abschmecken und servieren.

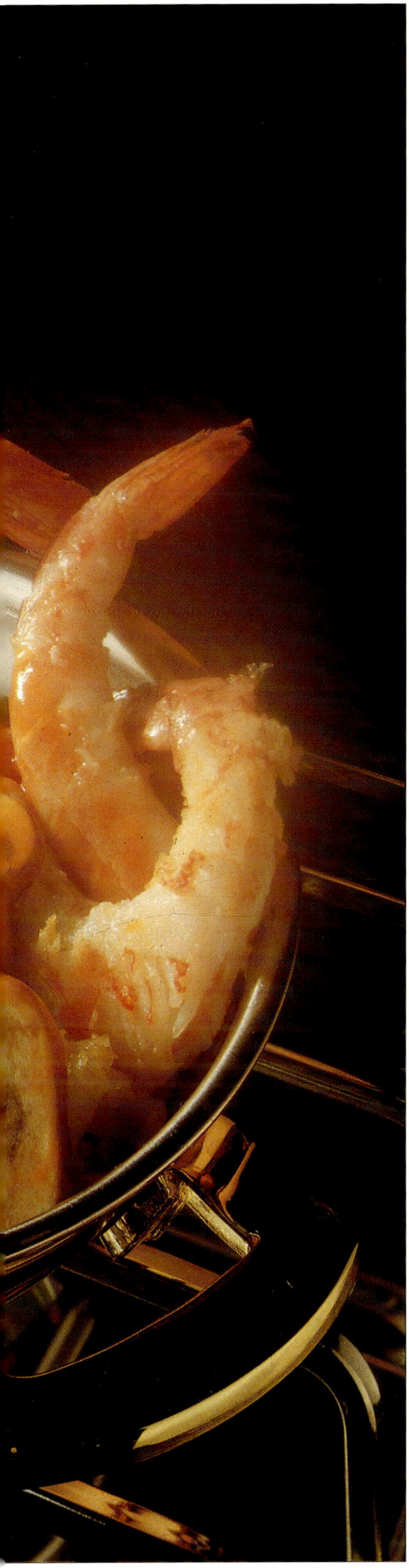

Hummerfilet mit mariniertem Lachs

Sie benötigen für 4 Personen:

300 g Graved Lachs, in dünne Scheiben geschnitten
400 g gekochten, ausgelösten Hummer
Meersalz
frisch gemahlenen Pfeffer
3 EL Öl
2 cl Gin
0,1 l Sahne
Saft von ½ Zitrone
1 EL gehackten Dill

So wird's gemacht:

1. Die Lachsscheiben auf 4 Tellern verteilen.
2. Den Hummer in gleich große Stücke schneiden und leicht mit Meersalz und Pfeffer würzen.
3. Öl in einer Pfanne erhitzen und den Hummer darin kurz von allen Seiten gleichmäßig braten.
4. Mit Gin flambieren, dann mit Sahne und Zitronensaft ablöschen.
5. Den Dill dazugeben und die Sauce kurz einkochen lassen. Mit dem Lachs servieren.

Flambierte Steinbuttfilets

Sie benötigen für 4 Personen:

4 Steinbuttfilets (à 125 g)
einige Tropfen Obstessig
einige Tropfen Zitronensaft
einige Tropfen Worcestersauce
Salz
frisch gemahlenen Pfeffer
1 Tasse Mehl
3 EL Butter
75 g geräucherten, durchwachsenen Speck
1 Zwiebel
100 g frische Champignons
Saft von 1 Zitrone
1 Schuß Weißwein
1 kleine Dose Pfifferlinge
1 kleine Dose Artischockenherzen
1 kleines Glas gefüllte Oliven
1 Prise Muskat
1 Prise Zucker
2 cl Cognac
Zitronenscheiben
Dillzweige

So wird's gemacht:

1. Die küchenfertigen Steinbuttfilets unter fließendem Wasser abwaschen, trockentupfen, mit Obstessig, Zitronensaft und Worcestersauce beträufeln und mindestens 10 Minuten marinieren lassen.
2. Die Fischfilets mit Salz und Pfeffer würzen und in Mehl wenden.
3. Die Butter in einer Pfanne erhitzen und die Steinbuttfilets darin von beiden Seiten braten, herausnehmen und warm stellen.
4. Den Speck in kleine Würfel schneiden, ins verbliebene Bratfett geben und auslassen.
5. Die feingehackte Zwiebel zum Speck geben, glasig dünsten.
6. Die Champignons putzen, waschen, gut abtropfen lassen, in Scheiben schneiden, zum Speck geben, kurz mitdünsten.
7. Mit Zitronensaft und Weißwein beträufeln.
8. Die Pfifferlinge, die Artischockenherzen und die Oliven gut abtropfen lassen, die Artischockenherzen kleinschneiden und mit den übrigen Zutaten zu den Champignons geben.
9. Bei mäßiger Hitze etwa 5 Minuten erhitzen. Mit Muskat, Zucker, Salz und Pfeffer abschmecken.
10. Die Fischfilets auf die Pilze legen. Das Ganze mit Cognac flambieren. Mit Zitronenscheiben und Dillzweigen garniert servieren.

Flambierte Seelachsfilets

Sie benötigen für 4 Personen:

4 Seelachsfilets (à 125 g)
Saft von 1 Zitrone
einige Tropfen Obstessig
einige Tropfen Worcestersauce
Salz
frisch gemahlenen Pfeffer
1 Tasse Mehl
3 EL Butter
50 g durchwachsenen, geräucherten Speck
1 Zwiebel
1 Dose kleine Champignonköpfe
4 Tomaten
1 Schuß Weißwein
einige Tropfen Zitronensaft
1 Prise Zucker
75 g Knochenschinken
2 cl Cognac
einige Zitronenscheiben
einige Petersilienzweige

So wird's gemacht:

1. Die küchenfertigen Seelachsfilets unter fließendem Wasser abwaschen, trockentupfen, mit Zitronensaft, Obstessig und Worcestersauce beträufeln und mindestens 10 Minuten marinieren lassen.
2. Die Seelachsfilets salzen und pfeffern und in Mehl wenden.
3. Die Butter in einer Pfanne erhitzen und die Seelachsfilets darin braten, herausnehmen und warm stellen.
4. Den in kleine Würfel geschnittenen Speck ins verbliebene Bratfett geben und braten.
5. Die feingehackte Zwiebel zum Speck geben, kurz dünsten.
6. Die Champignonköpfe gut abtropfen lassen, die Tomaten enthäuten, entkernen, in Streifen schneiden, beides in die Pfanne geben und erhitzen.
7. Mit Weißwein ablöschen, mit einigen Tropfen Zitronensaft, Salz, Pfeffer und einer Prise Zucker abschmecken.
8. Den in hauchdünne Scheiben geschnittenen Knochenschinken zusammenrollen und mit den Fischfilets auf das Gemüse geben.
9. Das Ganze kurz erhitzen, mit Cognac flambieren.
10. Mit Zitronenscheiben und Petersilienzweigen garniert servieren.

Kalbsfilet mit Basilikum

Sie benötigen für 4 Personen:

4 Kalbsfilets (à 100 g)
Salz
frisch gemahlenen Pfeffer
2 EL Öl
3 cl Cognac
50 g Steinpilze
5 EL Sahne
1 EL Zitronensaft
2 TL getrocknetes Basilikum

So wird's gemacht:

1. Die Kalbsfilets mit Salz und Pfeffer würzen.
2. Das Öl in einer Pfanne erhitzen und die Filets etwa 4 Minuten von beiden Seiten braten.
3. Das Fleisch mit Cognac flambieren, die Filets aus der Pfanne nehmen und warm stellen.
4. Die Steinpilze putzen, würfeln, in die Pfanne geben und kurz anbraten.
5. Die Sahne, den Zitronensaft und das Basilikum hinzugeben und die Masse 3 Minuten einkochen lassen.
6. Die Filets nochmals in die Pfanne geben, kurz erhitzen und servieren.

Kalbsfilet »Mona«

Sie benötigen für 4 Personen:

4 kleine Kalbsfilets (à 75 g)
Salz
frisch gemahlenen Peffer
3 EL Öl
100 g Hühnerleber
5 cl Cognac
0,1 l Sahne
1 Zweig Thymian
1 Zweig Estragon
5 cl Madeira

So wird's gemacht:

1. Die Kalbsfilets mit Salz und Pfeffer würzen.
2. Das Öl in einer Pfanne erhitzen, die Kalbsfilets hineingeben und kurz anbraten.
3. Die Hitzezufuhr reduzieren und die Hühnerleber dazugeben.
4. Die Hitzezufuhr erhöhen und das Ganze mit Cognac flambieren.
5. Die Sahne mit dem Thymian und dem Estragon sowie dem Madeira hinzufügen und etwa 4 Minuten einkochen lassen.

Rinderfilet mit Steinpilzen

Sie benötigen für 4 Personen:

200 g Steinpilze
400 g Rinderfilet in 4 Scheiben
Salz
frisch gemahlenen Pfeffer
4 EL Öl
3 cl Weinbrand
3 EL Bratensauce
2 EL süße Sahne
1 TL Basilikum
2 EL gehackten Schnittlauch
4 rote Kirschen

So wird's gemacht:

1. Die Steinpilze putzen und in grobe Stücke schneiden.
2. Die Rinderfiletscheiben mit Salz und Pfeffer würzen.
3. Das Öl in einer Flambierpfanne erhitzen und das Fleisch von beiden Seiten braten, dann mit Weinbrand flambieren.
4. Das Fleisch aus der Pfanne nehmen und warm halten.
5. Die Bratensauce und die Sahne in die Pfanne geben, das Basilikum hinzufügen.
6. Die Steinpilze dazugeben und in der Sauce etwa 5 Minuten mitgaren.
7. Die Steinpilzsauce über das Fleisch geben und mit Kräutern und Kirschen garnieren.

Rinderfiletscheiben mit Spargel

Sie benötigen für 4 Personen:

0,1 l Sahne
0,1 l Bratensauce
400 g Rinderfilet
Salz
frisch gemahlenen Pfeffer
5 cl Cognac
200 g gekochte Spargelstücke
1 EL gehackte Petersilie

So wird's gemacht:

1. Die Sahne und die Bratensauce in die Pfanne geben, glattrühren und einkochen.
2. Das Rinderfilet in sehr dünne Scheiben schneiden, mit Salz und Pfeffer würzen und in der Sahnesauce kurz erhitzen, mit Cognac flambieren.
3. Die Spargelstücke hinzufügen und erwärmen.
4. Mit Petersilie bestreuen und servieren.

Rinderfiletscheiben mit Kirschen

Sie benötigen für 4 Personen:

8 Rinderfiletscheiben (ca. 400 g)
Salz
frisch gemahlenen Pfeffer
4 EL Butter
50 g Zucker
0,1 l Orangensaft
100 g frische, entsteinte Kirschen
3 cl Kirschwasser
1 EL gehackte Petersilie

So wird's gemacht:

1. Die Rinderfiletscheiben mit Salz und Pfeffer würzen.
2. Die Butter in einer Pfanne erhitzen und die Rinderfiletscheiben darin kurz von beiden Seiten braten.
3. Das Fleisch aus der Pfanne nehmen, warm stellen. Den Zucker in die Pfanne geben, karamelisieren lassen und mit Orangensaft ablöschen.
4. Die Kirschen hinzufügen und mit Kirschwasser flambieren.
5. Das Ganze mit gehackter Petersilie garnieren.

Tournedos mit Garnelen

Sie benötigen für 4 Personen:

4 Tournedos (ca. 350 g)
4 große Garnelen, gesäubert
Knoblauchsalz
frisch gemahlenen Pfeffer
1 EL Senf
6 EL Butter
2 EL Olivenöl
2 cl Cognac
1 Bund frischen Kerbel

So wird's gemacht:

1. Die Tournedos und die Garnelen mit Knoblauchsalz, Pfeffer und Senf würzen.
2. Die Butter mit dem Olivenöl in einer Flambierpfanne erhitzen und die Tournedos und die Garnelen gleichzeitig darin kurz von beiden Seiten braten.
3. Das Ganze mit Cognac flambieren, mit frischem feingehacktem Kerbel garnieren und servieren.

Kalbsbries mit Apfelscheiben

Sie benötigen für 4 Personen:

400 g Kalbsbries (Kalbsmilken), blanchiert und enthäutet
Salz, frisch gemahlenen Pfeffer
2 EL Mehl
2 Äpfel
70 g Butter
4 cl Calvados
4 Kirschen zum Garnieren

So wird's gemacht:

1. Das Kalbsbries in 8 Scheiben schneiden, mit Salz und Pfeffer würzen und mit Mehl bestäuben. Die Äpfel schälen und in Scheiben schneiden.
2. 50 g Butter in einer Flambierpfanne erhitzen und das Bries bei geringer Hitze auf beiden Seiten goldbraun braten.
3. Das Bries aus der Pfanne nehmen und warm halten.
4. Die restliche Butter in die Pfanne geben und die Apfelscheiben darin dünsten.
5. Das Bries wieder zurück in die Pfanne legen, die Apfelscheiben darauflegen.
6. Das Ganze mit Calvados flambieren, mit Kirschen garnieren und servieren.

Kalbsleber in Rotwein

Sie benötigen für 4 Personen:

500 g Kalbsleber
Knoblauchsalz
Cayennepfeffer
2 EL Mehl
5 EL Butter
5 cl Rotwein
3–4 EL süße Sahne
3–4 EL Bratensauce
1 EL feingeschnittenen Salbei
1 TL gehackten Estragon
4 cl Cognac

So wird's gemacht:

1. Die Kalbsleber in Würfel schneiden und mit Knoblauchsalz und Cayennepfeffer würzen, mit Mehl bestäuben.
2. Die Butter in einer Flambierpfanne erhitzen und die Leber darin kurz anbraten, herausnehmen und warm stellen.
3. Den Rotwein in die Pfanne gießen und die Sahne, die Bratensauce, den Salbei und den Estragon hinzufügen.
4. Die Sauce bei hoher Temperatur etwa 5 Minuten einkochen lassen. Die Leber zufügen und mit Cognac flambieren.

Schweine-medaillons »Gwendoline«

Sie benötigen für 4 Personen:

4 Schweinemedaillons
Knoblauchsalz
1 EL Chilisauce
4 dünne Scheiben durchwachsenen Speck
2 EL Mehl
200 g Champignons
6 EL Öl
3 cl Wodka
1 TL Basilikum
4 EL Bratensauce
2 EL süße Sahne
1 TL kandierten Ingwer
1 EL Sherry
4 Radieschen

So wird's gemacht:

1. Die Medaillons mit Knoblauchsalz und Chilisauce würzen, mit Speckscheiben umwickeln und mit Mehl bestäuben. Die Champignons putzen und in Scheiben schneiden.
2. Das Öl in einer Flambierpfanne erhitzen und die Medaillons darin von beiden Seiten braten, sie sollen innen rosa sein.
3. Die Medaillons mit Wodka flambieren, aus der Pfanne nehmen und warm stellen.
4. Die Champignons mit dem Basilikum in die Pfanne geben und kurz andünsten.
5. Die Bratensauce, die Sahne, den kleingeschnittenen Ingwer und den Sherry hinzufügen und die Sauce kurz einkochen lassen.
6. Die Sauce über die Medaillons geben und mit den in Scheiben geschnittenen Radieschen garnieren.

Hinterschinken mit Spargel

Sie benötigen für 4 Personen:

2 Schalotten
4 EL Butter
4 Scheiben gekochten Hinterschinken (à 100 g)
3 cl Cointreau
4 EL süße Sahne
1 EL Zitronensaft
Salz
frisch gemahlenen Pfeffer
100 g gekochten Spargel

So wird's gemacht:

1. Die Schalotten schälen und fein würfeln.
2. Die Butter in einer Pfanne erhitzen, die Schinkenscheiben darin kurz braten.
3. Den Schinken sofort mit Cointreau flambieren, aus der Pfanne nehmen und warm stellen.
4. Die Schalotten in die Pfanne geben und kurz andünsten, dann mit der Sahne und dem Zitronensaft ablöschen.
5. Die Flüssigkeit etwa 3 Minuten einkochen lassen und mit Salz und Pfeffer verfeinern.
6. Den Schinken und den in Stücke geschnittenen Spargel hinzufügen, kurz erhitzen und auf heißen Tellern servieren.

Hüftsteak »Madagaskar«

Sie benötigen für 4 Personen:

8 Stangen frischen Spargel
100 g frische Pfifferlinge
4 Hüftsteaks (ca. 500 g), sehr gut abgehangen
Salz
Cayennepfeffer
4 EL Butter
4 EL Olivenöl
1 EL eingelegte grüne Pfefferkörner
4 cl Weinbrand

So wird's gemacht:

1. Den Spargel schälen und in etwas Salzwasser, dem ½ EL Zucker zugefügt wird, gar kochen.
2. Die Pfifferlinge putzen und bereitstellen.
3. Die Steaks mit Salz und Cayennepfeffer würzen.
4. Die Butter mit dem Olivenöl in einer Flambierpfanne erhitzen und die Steaks darin kurz von beiden Seiten anbraten.
5. Die Pfifferlinge und den grünen Pfeffer hinzufügen, erhitzen, nochmals abschmecken.
6. Die Steaks mit dem Weinbrand flambieren, alles auf 4 Tellern verteilen und mit dem Spargel servieren.

Desserts, süß und verführerisch

In diesem Kapitel finden nicht nur kleine und große Schleckermäuler ihr Lieblingsdessert, sondern hier können auch all jene, die mit dem Flambieren beginnen, ein wenig üben. Nichts ist einfacher zuzubereiten als flambierte Früchte, die, über Eis gegossen, Klassiker der Süßspeisenküche sind.

Crêpes Suzette

Sie benötigen für 4 Personen:

Für die Crêpes:

3 Eier
1 Msp. Salz
2 TL Zucker
0,1 l Milch
100 g Mehl
30 g Butter

Zum Flambieren:

30 g Zucker
20 g Butter
Saft von 1 Zitrone
Saft von 5 Apfelsinen
1 EL Erdbeermarmelade
2 cl Rum
4 cl Cointreau

So wird's gemacht:

1. Die Eier, das Salz und den Zucker gut verrühren.
2. Die Milch und das Mehl hinzufügen und mit dem Schneebesen sehr gut verrühren.
3. Die Butter schmelzen lassen, aber nicht heiß werden lassen, und dazugeben.
4. Den Teig sehr gut durchrühren und daraus in einer eingefetteten Pfanne etwa 12 dünne Crêpes backen.
5. Für das Flambieren den Zucker in einer Pfanne karamelisieren lassen, mit der Butter glattrühren.
6. Den Zitronensaft und den Apfelsinensaft hinzufügen.
7. Die Erdbeermarmelade dazugeben und etwa 3 Minuten einkochen.
8. Die Crêpes zweimal falten und zurück in die Pfanne legen.
9. Mit der Sauce übergießen, mit Rum und Cointreau flambieren und auf heißen Tellern servieren.

Flambiertes Soufflé-Omelette

Sie benötigen für 4 Personen:

4 Eigelb
4 Eiweiß
150 g Zucker
450 g Himbeeren
5 cl Himbeergeist
1 EL Puderzucker
5 cl Rum

So wird's gemacht:

1. Die Eigelbe mit 50 g Zucker schaumig rühren. Die Eiweiße sehr steif schlagen, nach und nach den restlichen Zucker einrühren.
2. Eigelb- und Eiweißmasse vorsichtig mischen.
3. 1/3 der Masse in eine Gratinplatte füllen.
4. Die Himbeeren putzen, mit etwas Himbeergeist mischen und darauf verteilen.
5. Die restliche Soufflémasse darübergeben und im vorgewärmten Backofen bei 200 °C 8 bis 10 Minuten backen.
6. Mit Puderzucker bestäuben und mit heißem Rum flambieren.

Flambierte Mangos mit Eis

Sie benötigen für 4 Personen:

2 Mangos
3–4 EL Zucker
1 EL Zitronensaft
2 EL Orangenmarmelade
2 EL Butter
3 EL Birnensaft
3 cl Rum
8 Kugeln Mango- oder Pistazieneis

So wird's gemacht:

1. Die Mangos schälen, das Fleisch vom Kern schneiden.
2. Den Zucker in einer Flambierpfanne karamelisieren lassen, mit Zitronensaft, Orangenmarmelade, Butter und Birnensaft ablöschen.
3. Die Sauce gut verrühren und die Mangoscheiben in die Pfanne geben.
4. Die Früchte kurz erhitzen und mit Rum flambieren.
5. Die Mangoscheiben auf Teller geben und das Mangoeis dazugeben.

Flambierte Aprikosen

Sie benötigen für 4 Personen:

8 Aprikosen
2 EL Butter
4 in Sirup eingelegte Ingwernüsse
4 Scheiben kandierte Orangen
2 EL Aprikosengelee
1 Schuß Weißwein
Saft von 1 Zitrone
1 Prise Ingwerpulver
1 Prise Zitronenpfeffer
1 Päckchen Vanillinzucker
2 cl Apricot Brandy
1 TL Rum

So wird's gemacht:

1. Die Aprikosen mit einem Messer über Kreuz einschneiden, in leicht gezuckertem Wasser blanchieren und enthäuten.
2. Die Aprikosen halbieren und entkernen.
3. Die Butter in einer Pfanne erhitzen, die Aprikosenhälften darin 3 bis 4 Minuten dünsten, herausnehmen.
4. Die Ingwernüsse und die kandierten Orangen in kleine Würfel schneiden und in die Pfanne geben.
5. Das Aprikosengelee unterrühren, mit Weißwein und Zitronensaft ablöschen und die Flüssigkeit einkochen lassen.
6. Die Sauce mit Ingwerpulver, Zitronenpfeffer und Vanillinzucker abschmecken.
7. Die Aprikosenhälften in die Sauce geben und nochmals erhitzen.
8. Das Ganze mit Apricot Brandy und Rum flambieren.

Flambierte Johannisbeeren

Sie benötigen für 4 Personen:

400 g Johannisbeeren
2 EL Butter
2 EL Zucker
Saft von 1 Orange
1 Schuß Weißwein
2 EL Honig
1 Päckchen Vanillinzucker
2 cl Cointreau

So wird's gemacht:

1. Die Johannisbeeren verlesen, waschen und gut abtropfen lassen.
2. Die Butter in eine Pfanne geben, den Zucker einrühren, leicht karamelisieren lassen.
3. Mit Orangensaft und Weißwein ablöschen und den karamelisierten Zucker loskochen.
4. Den Honig und den Vanillinzucker unterziehen, die Johannisbeeren dazugeben und noch einmal kurz aufkochen lassen.
5. Das Ganze mit Cointreau flambieren.

Melonenwürfel mit Vanillesauce und grünem Pfeffer

Sie benötigen für 4 Personen:

0,2 l fertige Vanillesauce
1 EL grüne Pfefferkörner
100 g Amarenakirschen
2 Netzmelonen
5 cl Rum
8 Kugeln Vanilleeis

So wird's gemacht:

1. Die Vanillesauce in einer Flambierpfanne erhitzen.
2. Die Temperatur herunterschalten und die grünen Pfefferkörner sowie die Amarenakirschen dazugeben.
3. Die Melonen schälen und in Würfel schneiden, in die Sauce geben und bei mittlerer Hitze erwärmen.
4. Die Temperatur erhöhen und alles mit Rum flambieren.
5. Die Masse auf 4 Dessertschalen verteilen und dann das Vanilleeis daraufsetzen.

Erdbeeren mit Orangenscheiben

Sie benötigen für 4 Personen:

400 g frische Erdbeeren
2 Orangen
2 EL Zucker
1 EL Butter
0,1 l Orangensaft
1 EL Zitronensaft
4 cl Rum

So wird's gemacht:

1. Die Erdbeeren putzen, waschen und halbieren. Die Orangen schälen und in Scheiben schneiden.
2. Den Zucker in einer Pfanne karamelisieren lassen, die Butter hinzufügen und alles glattrühren.
3. Mit Orangen- und Zitronensaft ablöschen.
4. Die Erdbeeren dazugeben und kurz erhitzen. Dann mit Rum flambieren.
5. Die flambierten Erdbeeren mit den Orangenscheiben servieren.

Mandarinen »Madrid«

Sie benötigen für 4 Personen:

4 fertige Apfeltörtchen
2 EL Zucker
3 TL Butter
5 cl Orangensaft
400 g Mandarinen aus der Dose
5 cl Rum
0,1 l fertige Vanillesauce

So wird's gemacht:

1. Die Apfeltörtchen im Ofen etwa 5 Minuten erhitzen und auf kleinen Tellern bereitstellen.
2. Den Zucker in einer Pfanne karamelisieren, mit Butter glattrühren und mit Orangensaft ablöschen.
3. Die abgetropften Mandarinen hinzufügen und erhitzen.
4. Das Ganze mit Rum flambieren. Die Vanillesauce dazugeben und einige Minuten durchkochen lassen.
5. Die flambierten Mandarinen über die bereitgestellten Apfeltörtchen verteilen.

Apfelscheiben im Blätterteigtörtchen

Sie benötigen für 4 Personen:

4 fertige Blätterteigtörtchen
50 g Rosinen
1/8 l Calvados
4 Äpfel
2–3 EL Zucker
2 EL Butter
0,1 l süße Sahne
4 Kugeln Vanilleeis

So wird's gemacht:

1. Die Blätterteigtörtchen im Ofen etwa 3 Minuten erhitzen und bereitstellen.
2. Die Rosinen in der Hälfte Calvados einweichen, die Äpfel schälen und in Scheiben schneiden.
3. Den Zucker in einer Pfanne karamelisieren lassen, die Butter hinzufügen und glattrühren.
4. Das Ganze mit Sahne ablöschen, die Rosinen und die Apfelscheiben hinzufügen und einige Minuten einkochen lassen.
5. Alles mit dem restlichen Calvados flambieren.
6. Die Eiskugeln in die bereitgestellten Blätterteigtörtchen geben und mit den Äpfeln übergießen.

Flambierte exotische Früchte

Sie benötigen für 4 Personen:

4 Mangos
8 Feigen
1 Papaya
100 g Lychees oder Erdbeeren
2 EL Zucker
3 TL Butter
Saft von 2 Orangen
4 cl Kirschwasser

So wird's gemacht:

1. Das Obst putzen, gegebenenfalls schälen und alle Früchte in gleich große Stücke schneiden.
2. Den Zucker in einer Pfanne karamelisieren lassen, die Butter hinzufügen und glattrühren. Mit Orangensaft ablöschen.
3. Den Saft kurz einkochen lassen, die Früchte hinzufügen und kurz erhitzen, mit Kirschwasser flambieren und in bereitgestellten Dessertschalen servieren.

Der Tip

Flambierte Früchte, egal welche Sorte, passen sehr gut zu Eis, als Füllung zu Crêpes oder zu Gebäckstücken, wie Windbeutel oder kleinen Plätzchen. Sie sind immer eine festliche, aber schnell zubereitete Nachspeise.

Flambierte Kirschen

Sie benötigen für 4 Personen:

5 TL Butter
3 EL Zucker
½ Dose Amarenakirschen oder entsteinte Sauerkirschen
Saft von ½ Zitrone
1 cl Kirschsaft
5 TL Kirschmarmelade
4 cl Kirschwasser
4 Kugeln Vanilleeis

So wird's gemacht:

1. Die Butter in einer Pfanne mit dem Zucker erhitzen.
2. Die abgetropften Kirschen mit dem Zitronensaft, dem Kirschsaft und der Marmelade hinzufügen.
3. Das Ganze mit Kirschwasser flambieren.
4. Das Eis auf 4 Dessertschalen verteilen und die sehr heißen Kirschen daraufgeben.

Flambierte Bananen

Sie benötigen für 4 Personen:

2 EL Zucker
1 Päckchen Vanillinzucker
3 TL Butter
Saft von 1 Orange
0,1 l Fruchtsaft nach Belieben
4 Bananen
2 cl Rum

So wird's gemacht:

1. Den Zucker und den Vanillinzucker in einer Pfanne karamelisieren lassen, die Butter hinzufügen und glattrühren.
2. Mit Orangensaft und Fruchtsaft ablöschen.
3. Die Bananen schälen, halbieren, in die Pfanne geben und kurz in der Sauce kochen lassen.
4. Das Dessert mit dem Rum flambieren und auf heißen Tellern servieren.

Flambierte Lychees

Sie benötigen für 4 Personen:

2 EL Butter, 2 EL Zucker
¼ l Orangensaft
100 g frische Erdbeeren
1 TL Vanillinzucker
einige Tropfen Zitronensaft
400 g frische Lychees
2 cl Erdbeergeist

So wird's gemacht:

1. Die Butter mit dem Zucker in einer Pfanne karamelisieren lassen.
2. Mit Orangensaft ablöschen.
3. Die geputzten Erdbeeren dazugeben, aufkochen lassen und pürieren.
4. Mit Vanillinzucker und Zitronensaft aromatisieren.
5. Die Lychees schälen, entkernen, dazugeben und mit Erdbeergeist flambieren.

Coffee »Deutschland«

Sie benötigen für 1 Person:

3 cl Rum
1 EL Bienenhonig
0,1 l starken Kaffee
4 EL halbsteif geschlagene Sahne

So wird's gemacht:

1. Den Rum in einem Glas auf einem speziellen Wärmer erhitzen und flambieren.
2. Das Glas vom Wärmer nehmen, den Bienenhonig und den Kaffee hinzufügen und umrühren.
3. Die halbsteif geschlagene Sahne über einen umgedrehten Löffel vorsichtig über die Flüssigkeit gießen.

Coffee »Italia«

Sie benötigen für 1 Person:

2 cl Amaretto
2 cl Cognac
1 EL Bienenhonig
1 EL Feigensaft
0,1 l starken Kaffee
4 EL halbsteif geschlagene Sahne

So wird's gemacht:

1. Den Amaretto und den Cognac in einem Glas auf einem speziellen Wärmer erhitzen und flambieren.
2. Das Glas vom Wärmer nehmen und den Bienenhonig, den Feigensaft und den Kaffee hinzufügen und umrühren.
3. Die halbsteif geschlagene Sahne über einen umgedrehten Löffel vorsichtig über die Flüssigkeit gießen.

Irish Coffee

Sie benötigen für 1 Person:

3 cl Irish Whiskey
0,1 l starken Kaffee
1 EL braunen Zucker
4 EL halbsteif geschlagene Sahne

So wird's gemacht:

1. Den Irish Whiskey in einem Glas auf einem speziellen Wärmer erhitzen und flambieren.
2. Den Kaffee zuckern und in das Glas gießen.
3. Alles umrühren und die Sahne über einen umgedrehten Löffel vorsichtig auf die Flüssigkeit gießen.

Rumpunsch

Sie benötigen für 4 Personen:

0,3 l Rum
4 EL Zucker
Saft von 4 Zitronen
4 Zimtstangen
0,8 l kochendheißes Wasser

So wird's gemacht:

1. Den Rum auf 4 Gläser verteilen und auf einem speziellen Wärmer erhitzen und flambieren.
2. Den Zucker und den Zitronensaft hinzufügen.
3. Je 1 Zimtstange in ein Glas stellen und mit kochendheißem Wasser auffüllen.

Satans Coffee

Sie benötigen für 1 Person:

3 cl Cognac
2 EL Ingwersaft
20 g feingehackten, in Sirup eingelegten Ingwer
0,1 l starken Kaffee
4 EL halbsteif geschlagene Sahne

So wird's gemacht:

1. Den Cognac in einem Irish-coffee-Glas auf einem speziellen Wärmer erhitzen, dann flambieren.
2. Das Glas vom Wärmer nehmen und den Ingwersaft, den Ingwer und den Kaffee hinzufügen.
3. Alles umrühren und die Sahne über einen umgedrehten Löffel vorsichtig über die Flüssigkeit gießen.

French Coffee

Sie benötigen für 1 Person:

3 cl Cointreau
0,1 l starken Kaffee
4 EL halbsteif geschlagene Sahne

So wird's gemacht:

1. Den Cointreau in einem Glas auf einem speziellem Wärmer erhitzen und flambieren.
2. Den Kaffee in das Glas gießen und umrühren.
3. Die halbsteif geschlagene Sahne über einen umgedrehten Löffel vorsichtig über die Flüssigkeit gießen.

Coffee »Espania«

Sie benötigen für 4 Personen:

4 cl Amaretto (Mandellikör)
4 cl Whisky
2 cl Tia Maria (Kaffeelikör)
½ l starken, heißen Kaffee
Saft von ½ Zitrone
Zucker nach Geschmack
1 Prise Zimt
1 Prise Nelkenpulver
1 Becher süße Sahne
1 Päckchen Vanillinzucker

So wird's gemacht:

1. Den Amaretto mit dem Whisky und dem Kaffeelikör in einem Glas auf einem speziellen Wärmer erhitzen und flambieren.
2. Mit dem sehr heißen Kaffee auffüllen.
3. Mit Zitronensaft, etwas Zucker, Zimt und Nelkenpulver aromatisieren.
4. Die Sahne mit dem Vanillinzucker cremig schlagen und je nach Geschmack süßen.
5. Die Sahne auf den Kaffee setzen und servieren.

Rezeptverzeichnis

In gleicher Ausstattung sind erschienen:
Brotbacken · Grillen · Italienische Küche · Chinesische Küche · Lieblingsrezepte · Kalte Platten · Salate · Vegetarische Küche · Garnieren und Verzieren · Fondues und Raclettes · Single Küche · Cocktails · Vollwertküche

CIP-Kurztitelaufnahme der Deutschen Bibliothek

Wesseler, Ronald:
Kulinarischer Feuerzauber Flambieren / Ronald Wesseler. – Niedernhausen/Ts.: Falken-Verl., 1987.
(Falken-Sachbuch)
ISBN 3-8068-4294-9

ISBN 3 8068 4294 9

© 1987 by Falken-Verlag GmbH, 6272 Niedernhausen/Ts.

Titelbild und Fotos: TLC-Foto-Studio GmbH, Bocholt
Wir danken der Firma Spring GmbH, Fürstengutweg 8, 7750 Konstanz, die die abgebildeten Geräte für die Fotoarbeiten zur Verfügung gestellt hat.

Die Ratschläge in diesem Buch sind von Autor und Verlag sorgfältig erwogen und geprüft, dennoch kann eine Garantie nicht übernommen werden. Eine Haftung des Autors bzw. des Verlages und seiner Beauftragten für Personen-, Sach- und Vermögensschäden ist ausgeschlossen.

Satz: LibroSatz, Kriftel bei Frankfurt
Druck: Mainpresse Richterdruck, Würzburg

817 2635 4453 6271